CATALOGUE

D'UNE COLLECTION

D'ENVIRON **2,000**

PORTRAITS

FRANÇAIS ET ÉTRANGERS

AYANT FAIT PARTIE DU CABINET

NAUMAN

Classés par œuvres des Maitres Peintres ou Graveurs

VAN DYCK

LAWRENCE, **REYNOLDS**, SCHMIDT, ETC.

DONT LA VENTE AURA LIEU

HOTEL DES COMMISSAIRES-PRISEURS

Rue Drouot, n° 5

SALLE N° 3, AU 1er ÉTAGE

Les Jeudi 8 et Vendredi 9 (matin et soir) et Samedi 10 Mai 1862

A UNE HEURE PRÉCISE

Me DELBERGUE-CORMONT, Commissaire-Priseur,
rue de Provence, 8,

Assisté de M. VIGNÈRES, Md d'Estampes, rue de la Monnaie, 13,
entrée rue Baillet, 1, à l'entresol,

Chez lequel se distribue le présent Catalogue.

EXPOSITION PUBLIQUE

Le MERCREDI 7 Mai 1862, de une heure à quatre heures.

—◆◆◆—

PARIS — 1862

AVIS. — Cette Collection étant assez connue pour la beauté et conservation des pièces, nous nous sommes abstenus des désignations, pour éviter les répétitions à chaque article.

CONDITIONS DE LA VENTE

L'ordre du Catalogue sera suivi.

Au comptant, CINQ POUR CENT en plus des enchères, applicables aux frais.

Tous les lots ne formant pas suite complète pourront être divisés.

M. VIGNÈRES, faisant la vente, se charge des commissions.

NOTA. Toute commission sans prix fixé ou sans limite déterminée sera regardée comme nulle.

M. VIGNÈRES se charge de faire marquer les prix aux Catalogues des ventes qu'il a faites; les amateurs qui le désirent peuvent s'adresser à lui *franço*.

Plusieurs Amateurs éloignés en ont reconnu l'utilité pour les guider dans leurs achats sur les valeurs des Estampes, et complètent ainsi le besoin de renseignements vrais, que ne peuvent faire les comptes-rendus trop restreints des journaux qui induisent en erreur ceux qui ne peuvent voir eux-mêmes.

Les Catalogues des ventes seront envoyés aux personnes qui en feront la demande.

(Toute lettre non affranchie ne sera pas reçue),

DÉSIGNATION

1 **Adam** (J.) de Vienne. François Ier. — Marie-
Thérèse. — Gedeon de Loudon. 3 portraits équestres, in-4.

2 — Marie-Louise de Bourbon, infante d'Espagne.
— Marie-Thérèse née des Deux-Siciles. — Pie VI.
3 portraits in-8 et in-4.

3 **Alix**. J.-J. Rousseau. Grand in-4. Ovale en couleur
d'après *Garneray*.

4 **Amling**. Marcus d'Aviano, capucin. In-4.

5 **Anonyme** en bois. Henric, D. G. Franc et Pol.
rex, 1581. Henri III. Grand in-8. Rare.

6 — Louis-Auguste Dauphin In-8. — Louis XVI en
manteau. In-4, à mi-corps, avant la lettre. 2 p.

7 — Maria Jacobi scotorum regis filia scotorum
que nunc regina. Ovale in-4, sur papier de Chine
volant. Rare.

8 — Marie Stuart. Au bas, les scènes de son sup-
plice. In-4. Rare.

9 **Anderloni** (F.) 1822. Marie-Louise d'Autriche,
princesse de Toscane. In-4.

10 — Ant.-Henri Radziwil. In-4.

11 **Aquila**. Annibal Carrache, médaillon sur un
piedestal, d'ap. *C. Maratte*. In-fol.

12 — J.-P. Zoomer. In-4. Manière noire.

13 **Ardell** (J.-M.). Lady Mary Campbell, en pied,
tenant un instrument de musique, d'ap. *Ramsay*.
In-fol.

14 — Lady Grammont à mi-corps, tenant une palme, d'ap. *P. Lely*. In fol.

15 — Mlle Hamilton, comtesse de Grammont, avec un mouton, d'ap. *P. Lely*. In-fol.

16 — Thomas Holles de Newcastle. In-fol., d'ap. *W. Hoare*.

17 — Buste de femme en costume riche, d'ap. *Ramsay*. Petit in-fol.

18 **Andouard** Maurice, comte de Bruhl, en pied. In-fol., d'ap. *Bertaux*.

19 **Aubert**. Louis Dauphin, né en 1729, à cheval, d'ap. *N. Lesueur*. In-fol.

20 — Henriette de Balzac, marquise de Verneuil. — Ninon de Lenclos. 2 p. in-8.

21 **Audran**. Louis XV encore enfant, en pied, en roi, d'ap. *Gobert*. In-fol.

22 **Audran** (Gérard). Guillaume de Limoges, dit le Gaillard Boiteux, chanteur du Pont-Neuf. In-fol.

23 **Avril** 1790. Catherine II, voyageant dans ses états en 1787. Grand in-fol, d'ap. *de Meys*.

24 **B. 1**. Jean Hus. — Georges Furst. — Osiander. — Paracelse B. IX. 541 n° 29. 4 petits portraits dont 3 non décrits.

25 **Baillie**. François Hals, peintre, d'ap. lui-même. Petit in-fol. sur Chine volant.

26 **Balechou**. Auguste III, roi de Pologne, en pied, d'ap. *Rigaud*. Grand in-fol.

27 — La Sœur de Mme Aved, filant avec un rouet.

28 — Henri, comte de Bruhl, premier ministre du roi de Pologne, à mi-corps, d'ap. *L. de Sylvestre*. in-fol.

29 — Guillaume-Charles-Henri Friso, prince d'Orange et Nassau, d'ap. *Aved*. In-fol. Marge.

30 — Mézerai. — Voltaire. 2 port. in-8.

31 **Baron**. Augusta, princesse douairière de Galles' en pied, d'ap. *Vanloo*. In-fol.

32 **Bartolozzi** et Neggès, comte de Cagliostro. Petit in-fol.

33 — Catherine II de Russie, en pied, d'ap. *Benedetti*, 1783. In-fol. en bistre.

34 — Maria Cosway, en pied, assise. In-4, bistre.

35 — J.-F. Barbieri, dit le Guerchin, peintre. Petit in-fol., d'ap. lui-même.

36 — Les princesses Marie, Sophie et Amélie enfants, jouant avec des chiens, d'ap. *Copley*. In-fol. avant la lettre, en bistre.

37 — Mary queen of Scots, Marie Stuart avec son fils Jacques Ier en pied, d'ap. *Zucchero*. In-fol. Marge.

38 **Bartsch**. Jacques de Backer. — Ferdinand Bol. 2 portraits de peintres, in-4.

39 **Bary** (H.). La duchesse de La Vallière, à mi-corps. Petit in-fol. (C'est un des beaux portraits du personnage.)

40 **Dause** (J.-F.). Frédéric II, roi de Prusse, in-4, à l'eau forte, coiffé d'un chapeau. — Tête nue, d'ap. *Graff*. In-fol., au burin. — A mi-corps, tenant son chapeau. In-fol. 3 p.

41 — Frédéric-Auguste de Saxe. In-4, d'ap. *Graff*.

42 — Utenbogart, d'ap. *Rembrandt*.

43 **Beauvarlet**. Hippolyte de la Tude-Clairon, rôle de Médée, sur son char. Gr. in-fol., d'ap. *Vanloo*.

44 — Monsieur de Montpipeau, d'ap. Roslin. Petit in-fol. GRAT. ANIM. MONUM. OFF. P. C. F. J.

45 **Beckett** (J.). Seigneur cuirassé, la main droite sur son casque. Petit in-fol, d'ap. *Kneller*. Avant la lettre.

46 — Mrs Turnour tenant des fleurs. Petit in-fol., d'ap. *Kneller*.

47 — La duchesse of Grafton. — Mme Lawson. 2 p. in-4, d'ap. *Kneller*.

48 **Benedetti**. Ant. Canova, sculpteur, à mi-corps, d'ap. de *Lampi*. In-fol.
— Le même, épreuve avant la lettre pas entièrement poussée au ton.

49 **Benner** (d'ap.). 24 portraits de la famille impériale de Russie, gravés par *John* et *Mecou*. In-4. Dans son porte-feuille.

50 **Benoist**. Marie-Louise. Buste entouré de figures allégoriques. In-fol., d'ap. *Fragonard*.

51 **Berger** (Fréd.). Daniel Berger. In-8. Avant la lettre colorié. — Avec la lettre. 2 p.

52 **Berger** (Daniel. Ew. Fred. Graf von Hertzberg. In-4. Avant le cordon. — Le même avec le cordon et la croix. — J. Es. Silberschlag de 4 états différents. — Werther. 2 portraits différents. — Lotte. 3 p. différents. — En tout 11 p.

53 — Mlle Clairon, charmant profil. In-8.

54 — Guil Baylies, médecin du roi de Prusse. — F. H. G. Martini. — F. H. L. Muzel. 3 p. Médecins.

55 — Mme la marquise de Sabran, 1787, d'ap. *Mad. Lebrun*. Petit in-fol. en ovale.

56 — Frédéric-Guillaume de Prusse. — Frédérique de Darmstadt. 2 petits in-fol.

57 — Aretin. — Bode. — Cotta. — Cook. — Dalberg. Casimire. — Brandes. — Fréd. H. Louis de Prusse à cheval. — Heinitz — Krunitz. — Lambert. — Lange. — Sophie Niklas. — Rabener. — Reichard. Schmidt. — Ch. H. Louise de Stolberg. — Sulzer. — Voss. — 19 portraits divers formats.

58 Bernigeroth, 1741. Bayle. Petit in-fol.

59 — J. Burchard Mencken, historien. — J. Godefroi Richter, conseillers du roi de Pologne. 2 p. Petit in-fol.

60 — 1759. Léopold, comte de Daun, en buste. In-fol.

61 — Frédéric le Grand, roi de Prusse. In-8.

62 — Luther. In-4, d'ap. Cranach.

63 — André Stan, comte de Zaluski, évêque de Cracovie.

64 Billwiller. J Beck. — M. Fischer. — H. Maurer. — 3 p. In-4.

65 Bittheuser. Aug. de Kotzebue. Petit in-fol., d'ap. *Tischbein.*

66 Blanchard. Napoléon III, empereur à mi-corps, d'ap. *Muller.*

67 Blesendorff (J.). Frédéric de Brandebourg et Eléonore, E. Louise de Saxe, à mi-corps. In-fol. en travers, d'ap. *Netscher.*

68 Bloemart (C.). R. D. M. Martinus, religieux.

69 Blois (A. de). Catherine, reine d'Angleterre. Petit in fol., d'ap. *D. A. Plaats.*

70 **Blooteling** (A.). Sa hautesse lady Anne. In-4 ovale.

71 — Edward lord Mountague. Petit in-fol., d'après *Lely*.

72 **Bohm**. Klopstok. In-4. — J.-Ch. Schutze. **2** p.

73 **Boissard** (J.-J.). Tobie Paurmeister.

74 **Bolt** (Fréd.) 1805. J.-L. Ebner. -- Salomon Klein. — Karl Pazalt. 3 p. in-8. Missionnaires évangéliques.

75 — S. W. Bolt. — Tête de satyre. — Frédéric II. 3 ép. différentes. — La statue de Zieten. 3 planches différentes. En tout, 8. p.

76 — Marquis de Cornwallis. — Louise Charlotte de Mecklenbourg-Schwerin. — Le prince d'Orange. — M. Park. 4 portraits in-8.

77 **Bouttats** (C.). Nadasti, Frangipani, Serini avec leurs supplices au bas et texte allemand. In-fol.

78 — Anne Stuart, reine de la Grande-Bretagne. In-fol.

79 **Bowles**. Société des Alderman, sept personnes buvant autour d'une table. Petit in-fol. en travers.

80 — Cromwel, d'ap. *Lely*. Petit in-fol.

81 — Martin Luther en pied. Petit in-fol.

82 — Ch. Saunders, vice-amiral. Petit in-fol.

83 **Bradel**. C. G. L. A. A. T. d'Eon de Beaumont en femme. Pet. in-fol.

84 **Burke** (Th.). Angelica Kauffman sous la figure du Dessin, recevant les inspirations de la Poésie. — La déesse Flore peignant les fleurs du peintre Varelst. 2 p. en rond. Petit in-fol.

85 Callot. Louis de Lorraine de Phalsbourg à cheval. Petit in-fol (M. 508).

86 Camerata, 1764. Mlle Albuzzi, cantatrice, tête grandeur naturelle, d'ap. *Rotari*.

87 Canale (J.), 1764. Marie-Antoinette, princesse royale de Pologne, d'ap. elle-même. In-fol.

88 — Seigneur anglais, d'ap. Rosalba. In-4.

89 Cardon. L'abbé Edgworth de Fermont, d'ap. Saint-Aubin. In-8 (confesseur de Louis XVI). Rare.

90 Carmona (Salvador). F Alvarez de Tolède, duc d'Albe, d'ap. *R. Mengs*. Petit in-fol.

91 — C. A. de Bourbon, prince des Asturies, à cheval. Petit in-fol.

92 — Miguel de Cervantes. In-4, d'ap. *J. de Castillo*.

93 Carmontelle (d'ap. de). Léopold Mozart, père de Marianne Mozart, virtuose âgée de onze ans, et de J. G. Wolgang Mozart, compositeur et maître de musique, âgé de sept ans, par Delafosse. 1764. Très-rare.

94 Cathelin. Marie-Adélaïde Cl. Xav. de France' d'ap. *Ducreux*.

95 — Louis XVI. — Marie-Antoinette, d'ap. *Drouais*. 2 p.

96 — L. Stan. Xavier Monsieur. — et Madame, d'ap. *Drouais*. 2 p.

97 — Marie-Thérèse, comtesse d'Artois, d'ap. *Drouais*. Ces 6 portraits sont grand in-4.

98 Chereau (Fr.). L. A. de Pardaillan de Gondrin, duc d'Antin, à mi-corps, d'ap. *H. Rigaud*. In-fol.

99 — Bossuet, évêque de Meaux. In-8, d'ap. Rigaud.

100 — Nicolas Delaunay, directeur de la Monnaie des médailles, à mi-corps, d'ap. *H. Rigaud.* In fol.

101 — Conradus Detleu a Dehn, à mi-corps, d'ap. *H. Rigaud.* In-fol., avant la croix de chevalier.

102 — Cardinal de Fleury, d'ap. *Rigaud.* In-fol., dirigé à droite.

103 — Jacques III, roi d'Angleterre, d'ap. *S. Belle.* Avant la lettre. In-fol.

104 — Largillière, peintre, d'ap. lui-même. In-fol.

105 — Louis Pecourt, maître à danser de Mme la duchesse de Bourgogne. In-fol., d'ap. *Tournière.*

106 — Andoche Pernot, abbé de Cisteau, d'ap. *Rigaud.* In-fol., avant toute lettre.

107 **Chereau** (Jacques). Charles-Joachim Colbert, évêque de Montpellier, à mi-corps, d'ap. *Raoux.* In-fol.

108 **Chevillet**. M. Lenoir, lieutenant de police, d'ap. *Greuze.* Petit in-fol.

109 **Clar**, 1800. Bonaparte à Arcole, d'ap. Le Gros.

110 — Moreau. — Rostopchin. 2 p. in-4.

111 **Clemens** (J. F.). Louise-Augusta, princesse de Danemark. Petit in-fol., d'ap. *J. Juel.*

112 — Christian Bartholm, théologien. In-4.

113 **Clerck** (J.), 1789. Le chev. Daniel de Zepharovich, conseiller impérial et royal. Petit in-fol., d'ap. *Lampi.*

114 **Cochin** (d'ap.). Baron de Bagge. — Cayeux. — De La Place. — Duclos. 4 p. in-4.

115 **Collyer**. Lady Banks. Ovale in-8, d'ap. *Russel.*

116 **Cooper** (R.). Le Chapeau de paille, d'ap. *Rubens.*

117 — La princesse Charlotte, d'ap. *G. Dawe*. Avant
la lettre.

118 **Cossin** (L.). François Chauveau, graveur, d'ap.
Lefébure. Petit in-fol.

119 **Cranach** (Lucas). Le prince Jean-Frédéric, en
bois.

120 — Luther en pied, en bois. Rare.

121 — Melanchton en pied, en bois. Rare.

122 **Cunego** (D.), 1786. Frédéric-Guillaume, prince
royal de Prusse, en pied, d'ap. *Cuningham*. Grand
in-fol.

123 — Frédéric II, roi de Prusse, en pied, d'ap. *Cuningham*. Grand in-fol.

124 **Custodis** (D.). André Cardinal d'Autriche. —
Jacques Fugger. — Ph. Ed. Fugger. — Raymond
Fugger. — Jérôme Wolff. 5 p.

125 **Dalen** (C. V.) junior. F. Deleboe Sylvus, médecin.
Grand in-4.

126 — Jacobus dux Eboraci et Albaniæ comes Ultonia.
Petit in-fol.

127 **Danckers** (H.). Charles II, roi d'Angleterre,
France et Espagne. Petit in-fol., d'ap. *Hanneman*.

128 **Dankerts** *ex* Jean Casimir, roi de Pologne,
1649. Au bas une scène de soumission. In-fol.

129 **Daullé**. Marguerite de Valois, comtesse de Caylus.
d'ap. *Rigaud*. In-fol.

130 — Mme Favart, en pied, rôle de Bastienne, d'ap.
Vanloo. In-fol.

131 — Marie Josephe, reine de Pologne, en pied, d'ap.
Louis de *Silvestre*. Grand in-fol.

132 — Marie-Thérèse, reine de Hongrie. Grand in-4.

133 — P. L. Moreau de Maupertuis, voyageur, à mi-corps, d'ap. *Tournière*. In-fol.

134 — Catherine Mignard, comtesse de Feuquières, à mi-corps, en Muse, soutenant le portrait de son père. In-fol.

135 — M. de Nestier, écuyer, à cheval, d'ap. *Delarue*, 1751. In-fol , marge.

136 — Hyacinthe Rigaud peignant le portrait de sa femme, à mi-corps. In-fol.

137 — J.-B. Rousseau, à mi-corps, d'ap. *Aved*. In-fol.

138 — Les Deux fils de Rubens, en pied. Sans lettre.

139 — Claude de Saint-Simon, évêque de Metz, à mi-corps. In-fol., d'ap. *Rigaud*.

140 — Troubetskoy (Anastasie de Hesse, née princesse de), en pied, assise, d'ap. *Roslin*. In-fol.

141 **David**. Gaspard Netscher, sa femme et son fils, d'ap. lui-même. In-fol.

142 **Dean**. Caroline de Lichtfield. Petit in-fol., d'ap. *Hoppner*.

143 **Delaroche** (d'ap.). Miss Allice Lee.

144 **Delff** (W. J.). Charles Ier, roi d'Angleterre.

145 — Frédéric de Bohême.

146 — Amélie, princesse d'Orange, Nassau.

147 — Frédéric Henri, prince d'Orange.

148 — Guillaume, prince d'Orange.

149 — Wolg. Guil., palatin. duc de Bavière.
Ces portraits sont in-fol., d'ap. *Mirevelt*.

150 **Delongueil**. Naruszewiez et cinq autres Polonais.
— Cardinal d'Ossat. 2 p. in-8.

151 **Demarcenay**. Le Seigneur et la dame, d'ap. Rembrandt. — Voyer d'Argenson. In-8, d'ap. Nattier. — Ch. de Brunswick Lunebourg. Petit in-fol. — Charles V, le Sage, roi de France. In-8. — Henri IV, d'ap. Janet. In-8. — Marie-Antoinette de Pologne, d'ap. elle-même. In-4. — Général Paoli. In-8. — Maurice de Saxe, d'ap. Liotard. In-8. — Turenne, d'ap. Champagne. In-8.

152 **Demarteau**. Biagio de Cesena, d'ap. *Michel-Ange*. — Jules François de Cotte, maître des requestes. 2 p., sanguine.

153 **Desmarets**. F. M. Arouet de Voltaire, assis de profil, en pied dans son cabinet. Grand in-4.

154 **Desplaces**, 1715. Marguerite Becaille, veuve de Max. Titon, fondatrice du couvent des Hospitalières de saint Augustin à Saint-Mandé. In-fol., d'ap. *Largillière*.

155 **Desrochers**. Crébillon. — Gaston de Rohan. — L'abbé Prevost. 3 p.

156 **Diogg**. J. G. Hirzel M. D., auteur du Socrate rustique, 1794. Eau-forte. In-4.

157 **Dixon**. Henri, duc de Buccleugh, tenant son chien. In-fol., d'ap. *Gainsborough*.

158 **Dossier**. R. P. Grégoire Gilbert, religieux des Augustins, d'ap. *de Troy*. In-fol.

159 **Drevet** (Claude). Marguerite-Henriette Le Bret de la Briffe, en Cérès. In-fol., d'ap. *Rigaud*.

160 — C G. Guillaume de Vintimille, archevêque de Paris, à mi-corps. In-fol., d'ap. *Rigaud*.

161 **Drevet** (P.). Antoine Arnauld. In-fol., d'ap. *Champagne*.

162 — F.-L. de Bourbon Conti, en pied, son nègre
tient son manteau, d'ap. *Rigaud*. Grand in-fol.

163 — Marie Cadesne, femme Desjardins. Petit in-fol.,
d'ap. *Rigaud*.

164 — Oronce Finé de Brianville, abbé de Cisteau.
in-fol., d'ap. *Rigaud*.

165 — J.-F.-P. de Bonne de Crequi de Lesdiguières.

166 — Léonard Delamet, à mi-corps, d'ap. Rigaud.
In-fol.

167 — B.-H. de Fourcy, docteur de Sorbonne, abbé
de St.-Wandrille, d'ap. *Rigaud*. In-fol.

168 — J.-B. Keller, la main sur un canon, d'ap. *Rigaud*. In-fol.

169 — Hélène-Lambert, dame de Motteville, à mi-
corps, d'ap. *Largillière*. In-fol.

170 — Philippe V, roi d'Espagne, d'ap. *Rigaud*. In-fol.

171 — Antoine Portail, président, avant la planche
rallongée dans le bas. In-fol., d'ap. *Tournière*.

172 — Hyacinthe Rigaud tenant un porte-crayon.
In-fol., d'ap. lui-même.

173 — Maria Serre, mère de Rigaud. In-fol.

174 — François de Neuville Villeroi. In-fol.

175 **Drevet** (Pierre-Imbert). J.-B. Bossuet en pied,
d'ap. *Rigaud*.

176 — Robert de Cotte, architecte, d'ap. *Rigaud*,
in-fol., à mi-corps.

177 — Louis, duc d'Orléans, d'ap. *Coypel*. Grand
in-4.

178 — Armand-Gaston de Rohan, cardinal. In-fol.,
d'ap. *Rigaud*.

179 **Drouais** le fils (d'ap.). Les Enfants du duc de Bethune jouant avec un carlin, par *Beauvarlet* — Les Enfants du prince de Turenne en costumes de savoyards jouant avec une marmotte, par *Melini*. 2 p. in-fol. en travers.

180 **Duchange**. Antoine Coypel en pied et son fils. In-fol., d'ap. lui-même.

181 **Duflos**. David Blondel, des Grands Hommes de Perrault.

182 **Dupin**. P. Corneille. — Lafontaine. — Racine. 3 p. in-8.

183 **Dupont** (Henriquel). Mirabeau à la tribune, d'ap. *Delaroche*. In-4. Epreuve d'artiste, grand papier avec fac-simile de signature.

184 — Molière en pied, d'ap. Ingres. In-4. Epreuve d'artiste, grand papier avant la lettre.

185 **Dupuis**. Jean de Betzkoy, en pied, tenant le portrait de la princesse de Troubetzkoy. In-fol., d'ap. *Roslin*.

186 — 1725. Louis XV en manteau royal, en pied et assis sur le trône, d'ap. *J. Ranc*. Grand in-fol.

187 — Ph. Wouvermans, peintre, in-fol., d'ap., C. *de Vischer*.

188 **Durer** (d'ap.). Bilibald Pirkeymer. Copie B. (106).

ŒUVRE DE VAN DYCK

189 **Dyck** (Antoine Van). Son portrait par lui-même, terminé par de Neeffs, avec Gilles Hendric. Marge.

190 — Le même, avec adresse Verdussen.

191 — Jean BREUGEL, peintre. G. H. Marge.

192 — Pierre Breugel, peintre. G. H. Marge.

193 — Paulus du Pont, graveur d'Anvers.

194 — Erasme de Rotterdam. Marge.

195 — Franciscus Franck, peintre. G. H. Marge

196 — Adamus Van Noort, peintre. G. H. Marge.

197 — Franciscus Snyders, peintre, terminé par J. de Neeffs. G. H. Marge.

198 — Justus Suttermans, peintre. G. H. Marge.

199 — Guilielmus de Vos, peintre, terminé par S. a Bolswert. G. H. Marge.

200 — Paulus de Vos, peintre, terminé par S. *a* Bolswert. Marge.

201 — Joannes de Wael, peintre. G. H. Marge.

202 **Dyck** (d'ap. Van). Times cliping the wings of Love. Le Temps coupant les ailes de l'Amour, par *Valentin Green.* In-fol.

203 — Le duc d'**Aremberg** à cheval, par *R. Earlom.* Grand in-fol.

204 — Albertus, comte d'**Aremberg**, par *S. a Bolswert.* G. H. Marge.

205 — Marie, comtesse d'**Aremberg**, par *P. Pontius* 1ʳʳ état, avec Joannes Meyssens.

206 — H. Van **Baelen**, peintre, par *P. Pontius.* G. H. Marge.

207 — J.-B. **Barbé**, graveur, par *S. A. Bolswert* G. H. Marge.

208 — Marie-Marguerite de **Barlemont**, par *Jacobus Neefs*, 1ʳʳ état. Joes Meyssens.

209 — Don Alvar **Bazan**, par *P. Pontius.* G. H. Marge.

210 — **Bentivoglio**, cardinal, par *Morin.* R. D. 43.

211 — R. P. Joannes Baptista de **Bisthoven**, Jésuite, par *A. Lommelin*, 1er état avec une seule ligne.

212 — D. Johanna de **Blois**, par *P. de Jode*. Gillis Hendricx excudit.

213 — Honorine de Grimberghe, comtesse de **Bossu**, par Morin. R. D. 55.

214 — La même dame plus âgée. R. D. 56. 1er état avec le nom du peintre.

215 — Ant. de **Bourbon**, comte de Moret, par *P. de Ballu*.

216 — Adrianus **Brouwer**, peintre, par *S. a Bolswert*. G. H. Marge.

217 — Jacobus de **Breuck**, architecte, par *P. Pontius*. G. H. Marge.

218 — Jacobus de **Cachiopin**, amateur, par *Vorsterman*. G. H. Marge.

219 — Jacobus **Callot**, peintre et graveur, par *Vorsterman*. G. H. Marge.

220 — Thomas **Chaloner**, à mi-corps. In-fol., par *R. Earlom*.

221 — **Charles Ier**. In-4, par *B. Picart*. — par *Romanet*, pour la galerie du Palais-Royal. 2 p.

222 — **Charles Ier** — Henriette Marie. 2 portraits par *Joan Meyssens*.

223 — **Charles Ier**. *G. Faithorne ex*. Rare.

224 — **Charles II**, à mi-corps In-8. Ovale anonyme, mais certainement par Hollar. Magnifique, rare.

225 — **Charles II**, à mi-corps. 1er état, *W. Hollar fecit et excudit*. Rare.

226 — **Charles Louis** comte Palatin. *Hollar fecit,* 1646.

227 — **Christiano**, D. G. Postulato ep. Halberstadiensi. *Robertus van Voerst sculpsit.*

228 — **Chrystin**. *Morin sculp.* R. D. 51.

229 — Wenceslaus **Coeberger**. *L. Voestermans sculpsit.* G. H. Marge.

230 — Dom. Carolus **Columna**. *Paul Pontius sculp.* G. H. Marge.

231 — Andreas **Colyns** de Nole, sculpteur. *Pet. de Jode, sculp,* G. H. Marge.

232 — Antonius **Cornelissen**, amateur. *Vorsterman sculp.* G. H. Marge.

233 — Adam de **Coster**, peintre. *Petrus de Jode sculpsit.* G. H. Marge.

234 — Garpard de **Crayer**, peintre. *Paul du Pont sculp.* Marge.

235 — Beatrix **Cosantia**, princeps Cantecroyana. *Petrus de Jode sculpsit.* 1ᵉʳ état, Joannes Meyssens.

236 — Deodatus **del Mont**, peintre, *Vorsterman sculp.* G. H. Marge

237 — Kenelmus **Digbi**, ecuyer. *R. V. Vorst. sculp.* G. H. Marge.

238 — Henderukus **du Boys**. —Helena Leonora de Sieveri. 2 p. *Corn. Vischer sculp.* E. Cooper excudit.

239 — Paulus Pontius (**Dupont**), graveur. *Paul Pontius sculp.* G. H. Marge.

240 — Erycius Puteanus **Dupuis**, historiographe. *Pet. de Jode sculp.* G. H. Marge.

241 — **Dyck** (Antoine Van). *Alb. Clouvet sculp.* — *A. de Marcenay*, 1763. 2 p. in-8.

242 — Antonius **Van Dyck**. *Vorsterman sculp.* G. H. Marge.

243 — D. Franciscus **Vander Ee**. *Joannes Meysens fecit et excudit.*

244 — Andreas van **Ertvelt**, peintre. *S. a Bolswert sculpsit.* G. H. Marge.

245 — Hubertus van den **Eynden**, sculpteur, *Vorsterman sculp.* G. H. Marge,

246 — Nicolaus **Fabri** de Peiresc. *Vorsterman sculp.* G. H. Marge.

247 — **Ferdinand** d'Autriche. *Pet. de Jode fecit* 1er état, Joannes Meysens excudit.

248 — **Ferdinand** d'Autriche. *Adrian Lommelin sculpsit*, Gillis Hendricx excudit.

249 — **Ferdinand** d'Autriche, *John Paine fecit* P. Stent excudit. Rare.

250 — **Ferdinand III**, empereur. — Marie d'Autriche, sa femme. *Corn. Galle junior sculpsit.* 2 p. 1er état. Jo. Meyssens excudit.

251 — Franciscus **Franck** junior, peintre. *Guil. Hondius sculpsit.* G. H. Marge.

252 — Emanuel **Frocas Perera**. *P. Pontius sculp.* G. H. Marge.

253 — Theodorus **Galle**, graveur. *Vorsterman sculp.* G. H. Marge.

254 — Cornelius vander **Geest**, amateur. *Paul Pontius sculp.* G. H. Marge.

255 — Horatius **Gentileseius**, peintre. *Vorsterman sculp.* G. H. Marge.

256 — Balthasar **Gerber**. *Paul Pontius Schupsit.*

257 — Sir Balthazar **Gerbier** et sa famille. Grand In-fol en travers, par *W. Walker.*

258 — Casperius **Gevartius**, jurisconsulte. *Paul du Pont. sculp.* G. H. Marge.

259 — Don Diego Philippus de **Gusman**. *Pontius sculp.* G. H. Marge.

260 — **Gustave-Adolphe**, roi de Suède. *Paul Pontius sculp.* G. H Marge.

261 — Paulus **Halmalius**. *Pet. de Jode sculp.* G. H. Marge.

262 — Jacobus **Hamilton**. *Pet. van Lisebetius sculp.* Joannes Meyssens excudit.

263 — Elisabetha **Harvey**. *Hollar fecit 1646.* Vander Borcht junior ex.

264 — **Henriette**, femme de Charles Ier. In-4. La tête seule. Magnifique, petite marge. Rare.

265 — La même avec n° 13 au coin bas, à droite Marge.

266 — Enfant de Charles Ier, tête dirigée à droite, coiffée d'un toquet à plume. Eau-forte, anonyme, rare.

267 — Guilielmus **Hondius**, graveur. *Guil Hondius, sculp.* G. H., marge.

268 — Gerardus **Honthorst**, peintre. *Paul du Pont, sculp.* G. H., marge.

269 — Zegerus van **Houtsum**. *Ad. Lommelin, sculp.* G. Hendricx excudit.

270 — Thomas **Howard**, comte d'Arundel, à mi-corps. *W. Hollar fecit*, 1646. 1er état, J. Meyssens exc.

271 — Comte d'**Arundel**. In-4, par P. A. Tardieu.

272 — Th. **Howard**, comte d'Arundel, en buste, par *Vorsterman*. Rare.

273 — Catharinæ **Howard**. *Arnoldus de Jode, sculpsit*, Martinus vanden Enden excudit. Rare.

274 — Catherine **Howard**. *A. Lommelin, sculp.* G. Hendriex excudit.

275 — Johannes **Hozius**. *Melchior Kusell, sculpsit.*

276 — Constantinus **Hugens**. *Paul Ponsius, sculp.* G. H , marge.

277 — **Isabella** Clara Eugenia. *Vorsterman, sculp.* G. H., marge.

278 — **Jaques I**er, roi d'Angleterre. In-4. *B. Picart.*

279 — Petrus de **Jode**, graveur. *Vorsterman, sculp.* G. H., marge.

280 — Petrus de **Jones** junior. *Petrus de Jode, sculpsit.* G. H., marge.

281 — Inigo **Jones**, architecte. *R. V. Vorst, sculp.* G. H , marge.

282 — Jacobus **Jordaens**, peintre. *Pet. de Jode, csulp.* G. H., marge.

283 — Alexander **della Faille**. *A. Lommelin, sculp.* Gillis Hendriex excudit. 1er état.

284 — Joannes Carolus **della Faille**, jésuite. *A. Lommelin, sculp.* Avant la marge nettoyée.

285 — Christophorus vander **Lamen**, peintre. *Petrus Clouet. sculp.*

286 — F. **Langlois**, dit de Chartres, libraire et marchand d'estampes. In-8, *N. de Poilly, sculp.*, marge.

287 — Frai. **Lelio** Blancatio. *Nicola Lauwers, sculp.*
G. H., marge, rare, avec Cath. Ma. a. cons.

288 — Margareta **Lemon.** *Adrian Lommelin, sculpsit.*
Gillis Hendricx excudit.

289 — Marguerite **Lemon.** *Morin,* R. D., 62. 1ᵉʳ état.

290 — Duchesse de **Lenox** et Richemont. *Hollar
fecit,* Joannes Meyssens ex.

291 — Jacobus **Le Roy.** *Ad. Lommelin, sculp.,* dedi-
cabat Œgideus Hendricx.

292 — Philippe **Le Roy,** par *P. du Pont.* Avant la
lettre.

293 — Henricus **Liberti,** organiste. *Petrus de Jode,
sculpsit.*

294 — Ernestina princeps **Ligneana.** *Michael Na-
talis, sculpsit,* Joannes Meyssens. 1ᵉʳ état.

295 — Justus **Lipsius,** historiographe. *S. à Bolswert, sculp.* G. H., marge.

296 — **Lumagne,** banquier, amateur. *M. Lasne fe.*
Rare.

297 — **Lumagne.** *Suzanne Silvestre, sculp.*

298 — Joannes **Livens,** peintre. *Vorsterman, sculp.*
G. H., marge.

299 — Henrica **Lotharingiæ,** de Phalsebourg. *Cornelius Galle* junior, sculpsit. 1ᵉʳ état, Jean Meyssens.

300 — Lazarus **Maharkysus,** médecin. *Sc. Bar-
ras, sculpsit.* Rare.

301 — Joannes **Malderus,** évêque. *Hollar fecit.*
1ᵉʳ état, Jean Meyssens.

302 — Joannes **Malderus.** *Adrianus Lommelin,
sculpsit.*

303 — Carolus de **Mallery**, graveur. *Vorsterman, sculp.* G. H., marge.

304 — Ernest, comte de **Mansfeld.** *Robertus Van Voerst, sculpsit.*

305 — **Marie do Médicis**, reine de France. *Paul Pontius, sculp.*, G. H., marge.

306 — Guilielmus **Marquis**, médecin. *Petrus de Jode, sculp.*

307 — **Marselar**, dans un ovale. *Corn. Galle fe.* avec consil.

308 — Fredericus de **Marselaer**. *Adrian Lommelin, sculp.*

309 — Joannes **Meissens**, peintre et amateur d'estampes. *Cornelius Galle junior, sculpsit.*

310 — Joannes Van **Milder**, sculpteur. *Vorsterman, sculp.* G. H., marge.

311 — Marquis de **Mirabelle**. *A. Blotelingh,* sculp. et excudit.

312 — Aubertus **Miræus**. *P. Pontius, sculp.* G. H., marge.

313 — Michael **Mirevelt**, peintre. *Wilhelm Jac. Delphius, sculpsit.* G. H., marge.

314 — François de **Moncade**, à cheval, par *R. Morghen,* 1793. Épreuve avant les contre-tailles. Grand in-fol.

315 — Franciscus de **Moncada**. *Vorsterman, sculpsit.* G. H., marge.

316 — Judocus de **Momper**, peintre. *Vorsterman, sculp.* G. H., marge.

317 — Joannes de **Montfort**. *Petrus de Jode, sculpsit.* 1er état, avec Jean Meyssens.

318 — Daniel **Mytens**, peintre. *Paul du Pont, sculp.* G. H., marge.

319 — Jean, comte de **Nassau.** *Paul Pontius, sculpsit.* G. H., marge.

320 — Jean, comte de **Nassau.** *Vorsterman, exc.*

321 — Fréd. Henri, comte de **Nassau.** *Conraet Waumans, sculpsit.* Meyssens, effacé.

322 — Mary, princesse d'**Orange**, par *Faithorne.* Extrêmement rare.

323 — Antoine Van **Opstal**, peintre. 1re épreuve avant le nom du graveur.

324 — Gaston d **Orléans**, *Vorsterman, sculp.* G. H., marge.

325 — Marguerite de Lorraine, duchesse d'**Orléans**, *S. à Bolswert.* G. H , marge.

326 — **Palamèdes** Palamedessen, peintre. *Paul Pontius, sculp.*

327 — God. H , comte de **Papenheim.** *C. Galle, schulpsit.* 1er état, Jean Meyssens.

328 — Jean Thomas **Park**, ovale. Buste d'homme de face, 2 p., par *Riedel.* In-8.

329 — Philippe, comte de **Penbroke** et Montgomery. *Robertus de Voerst, sculpsit.*

330 — Martinus **Pepyn**, peintre. *S. à Bolswert, sculp.* G. H., marge.

331 — Lucia **Pereye** Comes Carlylensis. *Petrus, de Bailliu, sculpsit.* Joannes Meyssens.

332 — Cornelius **Poelenbourch**, peintre. *Petrus de Jode, sculpsit.* G. H., marge.

333 — Maria Stuart, comtesse de **Portland**, *Hollar fecit.* Joannes Meyssens.

334 — Caspar **Ravestyn**, peintre. *Paul Ponsius,
sculp.*

335 — J. **Richardot** *L. A. Claessens, sculp.*

336 — Henri **Riche**, comte de Hollande. *Pet.
Clouwet, sculpsit.* Gillis Hendricx excudit.

337 — Nicolaus **Rockox**. *Paul Pontius, sculp.* G. H.

338 — Théodorus **Rogiers**. *Petrus Clouet, sculpsit.*
1ᵉʳ état.

339 — Théodorus **Rombouts**, peintre. *Paul du
Pont, sculp.* G. H., marge.

340 — P. P. **Rubens**, par *J. Audran.* In-fol. pour fron-
tispice de la galerie du Luxembourg.

341 — P. P. **Rubens.** *Paul Pontius, sculpsit.* G. H.,
marge.

342 — **Rupert** (prince), dans un médaillon. Rare.

343 — Maria **Ruten**. *S. à Bolswert.* G. H., marge.

344 — Maria **Ruthven**, accompagnée de l'Amour.
In-fol en travers, par *Benedetti.*

345 — Martinus **Rychart**, peintre. *Jacobus Neeffs,
sculpsit.* G. H., marge.

346 — Cornelius **Sachteven**, peintre. *Vorsterman,
sculp.* G. H., marge.

347 — Carolus Emmanuel de **Savoie**. *Petrus Ru-
cholle, sculpsit.* Joannes Meyssens excudit.

348 — Fr. Thomas de **Savoie.** *Paul Pontius, sculp.*
G. H., marge.

349 — Francisco Thomæ a **Sabaudia.** In-fol. *Paulus
Pontius, sculpsit.* Gillis Hendricx exc.

350 — Cœsar Alexander **Scaglia**, abbé. *P. Pontius,
sculp.* G. H., marge.

351 — Cornelius **Schut**, peintre. *Vorsterman, sculp.* G. H., marge.

352 — R. P. Carolus **Scribanius**, jésuite. *Petrus Clouet, sculpsit.*

353 — Gerardus **Segers**, peintre. *Paul du Pont, sculp.* G. H., marge.

354 — Gerardo **Segers**, peintre. *Vorsterman,* M. Vanden Enden.

355 — Quintinus **Simons**, peintre. *Pet. de Jode,* sculp.

356 — Margareta **Smith**, veuve de Thomas Cary. *Guil. Faithorne, sculp.* Magnifique, extrêmement rare.

357 — Petrus **Snayers**, peintre. *Andreas Stock, sculpsit.*

358 — Joannes **Snellincx**, peintre. *Pet. de Jode, sculp.* G. H., marge.

359 — Emélie de **Solms**, comtesse de Nassau. *Conraet Waumans, sculpsit.* 1er état, Jean Meyssens.

360 — Rachel, comtesse de **Southampton**, 1636, en pied, la main gauche sur une boule. In-fol., par *M Ardell.*

361 — Ambroise **Spinola**. *Vorsterman, sculp.* G. H., marge.

362 — Adrien **Stalbent**, peintre. *Paul du Pont, sculp.* G. H., marge.

363 — Henri **Steenwyck**, peintre. *Paul du Pont, sculp.* G. H., marge.

364 — Adrianus **Stevens**. *A. Lommelin, sculp.*

365 — Petrus **Stevens**, amateur. *Vorsterman, sculp.* G. H., marge.

366 — Lord John et Bernard **Stuart**, fils du duc de Lennox, en pied, par *M. Ardell.*

367 — Engelbert **Taie**. *Cornelius Galle junior, sculpsit.* 1ᵉʳ état, Jean Meyssens.

368 — Atoine de **Tassis**. *Jacobus Neeffs, sculpsit.* G. H., marge.

369 — Antoine **Triest**, évêque. *Pet. de Jode, sculp.* G H., marge.

370 — J., comte de **Tserclaes** de Tilli. *Pet. de Jode, sculp.* G. H., marge.

371 — Diodorus **Tuldenus**. *Pet. de Jode, sculp.* G. H., marge.

372 — Lucas Van **Uden**, peintre. *Vorsterman, sculp.* G. H., marge.

373 — Honoré d'**Urfé**. *Pet. de Baillue, sculpsit.* Joannes Meyssens excudit.

374 — Genovafa d'**Urphé**, veuve de Croi, *Pet. de Jode*, sculp. G. H., marge.

375 — Théodorus **Vanlonius**, peintre, *Paul du Pont,* sculp. G. H., marge.

376 — Robertus Van **Voerst**, graveur, par lui-même. G. H., marge.

377 — Lucas **Vorsterman**, par son frère.

378 — Cornélius de **Vos**, peintre. *Vorsterman,* sculp. G. H., marge.

379 — Simon de **Vos**, peintre. *Paul du Pont,* sculp. G. H., marge.

380 — Simon **Vouet**, peintre. *R. V. Vorst,* sculp. G. H., marge.

381 — Sébastien **Vrancx**, peintre. *S. à Bolswert,* sculp. G. H., marge.

382 — Lucas et Corneille de **Wael**, peintre. *Hollar fecit*, J. Meyssens ex.

383 — Joannes de **Wael**. *Adrian Lommelin, sculp.*

384 — Anna **Wake**. *Petrus Clouwet, sculpsit.*

385 — Albert, comte de **Wallenstein**. *Pet. de Jode, sculp*. G. H., marge.

386 — Hieronimus **Westonius**, comte de Portland. *Hollar fecit.* Jean Meyssens.

387 — Philadelphia and Elisabeth **Whartons**, en pied, par *Gvntz*.

388 — Joannes **Wildens**, peintre. *Paul du Pont, sculp*. G. H., marge.

389 — Thomas **Willeboirts** Bosschaerts, peintre. Martinus Van den Enden excudit. Très-rare.

390 — **Wolfgangus** Wilhelmus. *Vorsterman, sculp.* G. H., marge.

391 — Artus **Wolfart**, peintre. *Corn. Galle, sculpsit.* G. H., marge.

392 — Jean Vanden **Wouwer**. *Paul Pontius, sculpsit.* G. H., marge.

393 — Ant. de **Zuniga** et Davila. *Conradus Waumans, sculpsit.* 1er état, Jean Meyssens.

394 — Les Comtes et comtesses, par *Lombart* 12 p.

395 — Buste d'homme. *De Boissieu*, 1770. Sur chine volant et la copie, 2 p.

396 — Portrait d'homme, en fourrure, de la galerie de Dresde, gravé par *Rasp*. In-fol. — Homme cuirassé, de la galerie de Dresde, par *Rasp*.

397 — Seigneur, en pied, la main droite appuyée sur la tête d'un chien. Manière noire, in-fol., avant toute lettre.

398 **Earlom** (R.), 1770. Georges III et la reine Charlotte avec leurs six enfants. Grand in-fol, en travers, d'ap. *Zoffany*.

399 — Lord Nelson. In-fol., d'ap. *Abbott*.

400 — Thomas Pownall, membre du Parlement. In-
fol., d'ap. *Cotes*.

401 **Eberts**. Dorothée Sandow, médaillon sur son
tombeau, soutenu par deux renommées. Grand
in-4, d'ap. *Boucher*.

402 **Edelinck** (G.). Philippe de Champagne. R. D.,
164..., 1er état.

403 — Le même, 2e état.

404 — J. Cousin. R. D., 174.

405 — Charles Gobinet de Sorbonne. R. D., 215, d'ap.
Largillière.

406 — Henri Goltzius, peintre et graveur. Petit in-fol.
marge.

407 — D. comte de Kaunitz. In-fol. R. D., 228.

408 — Ch. Le Brun, peintre. R. D., 238. In-fol.

409 — François de Médicis, grand-duc de Toscane. —
Jeanne d'Autriche son épouse. 2 portraits en pied
d'ap. *Rubens*, tirés de la galerie du Luxembourg.

410 — Pierre de Montarsis, amateur des beaux-arts.
R. D., 277. In-fol.

411 — Charles Mouton, musicien de Louis XIV. R. D.
281, ép. avec les vers au bas. In-fol., 2e état, rare.
Il y a cinq états.

412 — Ferd., évêque de Paderborn. R. D., 203, d'ap.
Lebrun.

413 — Pompone de Bellievre. R. D., 145. — Claude
Berbier du Metz, 189. — Furetière. 209, 3 p.

414 — J. B. Santeuil. R. D., 311. 2ᵉ état des 4.

415 **Eillarts** (J.). Albert, archiduc d'Autriche. — Mathias, empereur. 2 portraits petit in-fol.

416 — Henri IV. Petit in-fol.

417 **Endlich** ad vivum. Dame Lucie, comtesse de Moens. Petit in-fol.

418 **Every**. Lucile Grahn, du théâtre de Sa Majesté, à mi-corps, d'après nature, par *Simoneau*, manière noire. In-fol., marge, *proof*.

419 **Faber**. Rev. Th. Burnet.

420 — La duchesse de Grafton, en pied.

421 — Lady Midelton, en pied.

422 — Mis Scroop, en pied.

423 — Thomas Strickland, évêque de Namur. Ces portraits sont d'après Kneller.

424 — Tobias Langdon, vicaire, célèbre maître de musique.

425 — Lisbet Du Parc, dite la Francesina. Petit in-fol.

426 **Faithorne**. Christine de Suède. Grand in-4.

427 — Lord Henri Scot, fils du duc de Monmouth. Petit in-fol, manière noire.

428 **Falck**. Frédéric, prince de Norwège. Grand in-4.

429 — Léonard Tortenston, etc. Petit in-fol.

430 **Felsing**. Il suonatore di violino, d'ap. *Raphael*.

431 **Fenizer**. J. Vischer, M. D. — Seb. Pfintzing. — Ch. Agricola, etc. 4 p.

432 **Ficquet**. Bezæ effigies, Théodore de Beze. — Mureti. 2 petits portraits. Très-rares.

433 — Charles XII, d'ap. Crasts. In-8.

434 — Chenevières, poëte. In-8.

435 — Cicéron, très-petit, d'ap. Rubens.

436 — Pierre Corneille, d'ap. C. Le Brun.

437 — Joliot de Crébillon, d'ap. Aved.

438 — Réné Descartes, d'ap. F. Hals. Ép. avant la lettre, marge, très-rare.

439 — Le même, avec la lettre.

440 — Jean de Lafontaine au ruisseau blanc.

441 — Lamothe Levayer, d'ap. Nanteuil.

442 — Marquise de Maintenon, d'ap. Mignard. Grande marge.

443 — Madame de Miramion, d'ap. de Troy.

444 — Molière (Poquelin de), d'ap. Coypel.

445 — Ambroise Paré. — Guil. Vavasseur, chirurgien. **2 p.**

446 — Regnard, d'ap. Rigaud.

447 — Rigaud, peintre, d'ap. lui-même.

448 — J. B. Rousseau, d'ap. Aved.

449 — J. J Rousseau, d'ap. de Latour.

450 — Ch. de Valois, comte d'Auvergne, d'ap. Champagne.
— Vermeulen, peintre.

451 **Ficquet.** Les quatre appelants de la bulle unigenitus. Petit in-fol., le titre coupé.

452 **Folin.** Sylvius-Léopold Weiss, d'après Denner. In-8.

453 **Forssell.** Pestalozzi, d'après M\ᵉ Rath. In-8.

454 **Fratrel.** Charles-Théodore, comte palatin entouré de figures allégoriques. Petit in-fol.

455 **Frey** (J.). F. Fr. Marie, cardinal Casinus. Petit in-fol.

456 — Ad vivum Clementina, reine d'Angleterre, France et Espagne. In-fol.

457 **Fruytiers** (Ph.). Ad vivum Jacques Edelheer, à mi-corps. In-fol.

458 **Gaillard.** François Castanier. In-fol., d'après *Rigaud;*

459 — Galilée. Petit in-fol. d'après *Gérard Dow.*

460 — Catherine, princesse de Galitzin, née Cantemir. Petit in-fol. d'après *Vanloo.*

461 — J.-Joseph Languet, archevêque de Sens. Petit in fol. d'après *Chevalier.*

462 — Louise Ulrique de Prusse, d'après *Latinville.* Petit in-fol.

463 — Louis Racine. In-8.

464 — Marie-Thérèse, princesse de Savoie, comtesse d'Artois, d'après *Campana.* Petit in-fol.

465 **Galle** (C.). Charles Ier, roi d'Angleterre. In-4.

466 — Jean Deckher de Falckenbourg. Petit in-fol.

467 — Bathasar Moret, typographe d'Anvers, d'après *Quelinus.*

468 **Gantrel.** Nicolas Pavillon, évêque d'Alet. In-fol.

469 **Gaultier.** Jacques Amyot, évêque d'Auxerre.

470 — Henri de Lorraine, duc de Guise. In-8.

471 **Geiger.** 1796. Comtesse Auguste de Bellegarde, née Berlichingen In-fol. d'après *Fuger.*

472 **Geyser.** Math. Donner. — P. D. Lippert. — Ch. Seybold. 3 port. d'artistes peintres et graveurs.

473 **Glume.** 1747. Homme dessinant, coiffé d'un mouchoir.

— 1748. Homme dessinant, coiffé d'un chapeau.

— Musicien et musicienne en pied, d'après nature.

— 1749. Dame tenant une ombrelle. — Jeune garçon. 2 p.

474 Godby. Fréd.-Adolphe, duc de Cambridge. In-4.

475 Gole (J.). Louise-Fr. de la Baume-Leblanc, duchesse de Lavallière.

476 — Fréd.-Guillaume de Brandebourg.

477 — Infelix-Kara Mustapha-Bassa, ministre.

478 — Ulrique-Éléonore de Suède.

479 — Louis XIV, roi de France.
Ces 5 portraits petit in-fol.

480 — Adrien Ostade. Peintre, manière noire.

481 Goltzius (H.). Jean Boll, peintre. Petit in-fol.

482 Grandhomme. Jean-Jacques Gryneus. In-8.

483 Graves. Lord Byron. In-fol. d'ap. *Phillips*.

484 Green (Valentin). John Boydell, graveur, à mi-corps, d'après *Josiah Boydell*. In-fol.

485 — Lady Naneham, en pied, d'après *Falconet*. Grand in-fol.

486 — Général Washington, en pied, appuyé sur un canon, contre son cheval. In-fol. d'après *Peel*.

487 Gruner. Jules de Médicis, cardinal, d'après *Raphaël*, ép., lettre grise signée. Petit in-fol.

488 Guérin. 1781. Cagliostro. In-4 et in-8, par Thoenert, 2 p.

489 Gunst. Balthasar Bekker. Petit in-fol.

490 — O. Cromwell. In-fol.
— Olivier Cromwell. In-8.

491 Marie, reine d'Angleterre, France et Espagne. Petit in-fol.

492 — Victor-Amédée II, duc de Savoie. Petit in-fol., d'après *l'abbé Bourdin*.

493 — Henri Winctler. In-fol. d'après *Am. Ends*.

494 **Habert**. M. Ang. de Scoraille, duchesse de Fontanges, grandeur naturelle. In-fol. d'après *Mignard*.

495 **Haid** (J. Élias). Antoine Graff, peintre.—J. Jacob Haid, peintre et graveur, 2 p. Petit in-fol, d'après *Graff*.

496 — Marcus-Fréd. Kleinert, peintre du prince Sobieski, prenant sa prise ; le titre coupé.

497 — Martin de Meytens, peintre de François Ier et de Marie-Thérèse, à mi-corps. In-fol.

498 **Hainzelman**. Marcus Hubervs. — Proitius. — David Thomas. — Leonardus Weiss. — Juliana B. Wincklerin. — Adolphus Zobel. — Regina Barbara a Zobely. 7 p. Petit in-fol.

499 **Hall** (J.). Clément IX, pape, assis à mi-corps, d'après C. Maratte. In-fol.

500 **Hamilton** (d'ap.). Comtesse of Cork, par *Watson*. — Miss Jones, par *Houston*, 2 portraits. Petit in-fol. avant la lettre.

501 — Miss Cox. — Miss Spencer, par *Green*. 2 p.

502 **Heyden** (J.). Erasme, en pied, la main sur le terme. Très-rare. Grand in-4. Belle marge.

503 **Hirshvogel** (Aug.). Graveur. B. 40.

504 **Hogarth** (W.) 1764. En pied, occupé à peindre la Comédie. In-fol.

505 — Benjamin Hoadly, évêque de Winchester, par *Baron*.

506 — Simon lord Lovat, d'après nature, en pied.

507 — John Wilkes, d'après nature, en pied.

508 — Le même, à mi-corps. In-4, par *Bause*.

509 **Hogemberg**. Gebhard, archevêque de Cologne, avec texte allemand autour. — Mercator, voyageur. 2 p.

510 **Hollar**. Son portrait dans un cartouche orné. In-8.

511 — H. van der Borcht, peintre. — Sa femme. **2** p.

512 — Lady Buts. — Lord Buts. 2 vieillards.

513 — Morett. — Catherine d'Aragon. — Lady Guldeforde. — Marie la catholique. 4 p., ronds. Ces 8 portraits sont d'après *Holbein*.

514 — Robert Barkley. — Lady Mawbray. — Duchesse de Suffolk, d'après *Holbein*. 3 petits portraits.

515 — Jean van Balen. — Le père d'Albert Durer. — Jacques van Es. 3 portraits de peintres.

516 — Philippe IV, roi d'Espagne. — Anne-Marie d'Autriche, sa femme. 2 p. In-4.

517 **Hopfer** (Jérôme). J. Boschenstain, copie. — Erasme. — Matthieu, card. de Salzbourg. — Franc. von Sickingen, original et copie. 5 p.

518 **Houbraken** (J.). Homme, à mi-corps, d'après le tableau de Paul Véronèse à Dresde. Petit in-fol.

519 — Portrait d'Houbraken, graveur, d'ap. Quinkhard. Petit in-fol.

520 — Cardinal Hercule de Fleury, soutenu par Diogène. In-4.

521 — Petrus Scriverius, d'ap. C. de Visscher. In-4.

522 — Sophie-Madeleine de Danemarck. Petit in-fol.

523 — Romein de Hooghe, graveur. — Nicolas Verkolje, peintre et graveur. 2 p. In-4.

524 — Cornelis Troost, peintre, d'ap. lui-même.

525 — Trois portraits de peintres réunis. Avant toute
lettre.

526 — Corneille F. Eversdyk. Petit in-fol.

527 — Alphenius. — S. Eikelemberg. — Jan Kuiper.
— J.-C. Rucker. 4 p.

528 — Bernardus Siegfried Albinus. — Joannes Bur-
mannus. — Hier. David Gaubius. 3 p. de médecins.

529 — Egidius van den Bempden. — Lieve Geelvinck
et autre. 3 p.

530 — François Drake. — Ashley Cooper earl of Shaf-
tesbury. 2 p. Petit in-fol.

531 — Henri de Brederode. — Charles-Quint. — La-
moral, comte d'Egmont. — Cornelis de Graff. —
Marguerite d'Autriche. — Philippe de Montmo-
rency. — Guillaume de Nassau. — H.-D. Spiegel.
— Abraham Stork. — Ant. Vanderheim. 10 p.
In-8.

532 — J. Appelman. — F. Banning-Kok. — W. Bar-
desius. — Diederik et Gysbrecht de Batenburg. —
Cornelis et Roelof Bicker. — J. Boreel Jansz. —
Bruno van der Dussen. — A.-C. Burg. J. Buyck.
Samuel Coster. — J. Cuchlinnus. — De Lannoy.
Lieve Geelvinck. — Andries et Jacob de Graeff.
H. Grave. — C Hartsink. — N. Hasselaer. — H. Heng-
stenburgh. — Lambert ten Kate Hermansz. — J. Ja-
cobszoon Hinloopen. — Gerrit et Henrik Hooft. —
J. Hudde. — J. Huydecoper. — D. Janszoon de
Graeff. — P. Janszoon Kies. — Haasje Klaas. — C.
Lampsins, baron de Tabago. — Elbertus Leoninus.
Luther. — J.-C. Meppel. — J. Muys van Holy. —

A. Oetgens van Waveren. — Adrien Pauw, grand
pensionnaire. — Ad. Pauw. 1578. — Reinier Pauw.
P. Adriaensz Raep. — A^d, Reinierszoon Cromhout.
P. Rendorp. — Egbert Roelofszoon. — N. Ruyk-
haver. — P. de Rycke. Jan Sautyn. — C. Schryver.
Govert van Slingelandt. — H. Laurens zoon Spiegel. — Jacob Trigland. — Nicolas Tulp. — Uylenbo-
gaard. — J. Van der Heide. — N. Van der Laan.
— J. Cornelisz van Neck. — Harman Henri van de
Poll. — Jan Oud-Schepen et Jan Burgemeester.
Pieter van de Poll. — Cornelis Jan et Jonas Wit-
sen. — Gerrit Jacob Witsz. 61 portraits avec la
lettre, et la même suite avant la lettre.

533 **Houston**. Mis Harriot Powel tenant une guitare.
In-fol. d'ap. *Read.*

534 — Shepherdess avec la lettre, et son pendant
avant toute lettre. 2 p.

535 — Glyn, Wilkes, John Horne réunis. In-fol. en
travers.

536 **Huck**. Freyherr von Brabeck tenant un tableau. In-fol., d'ap. *Graff.*

537 — Ch. James Fox. — Wil. Pitt. 2 portraits, à mi-
corps. In-fol., d'après *Hickel.*

538 — Fréd.-J.-Lorenz Meyer, docteur. Grand in-4
d'ap. *Graff.*

539 **Hulle** (d'ap. Van). Plénipotentiaires de la paix
de Munster. 74 portraits par les meilleurs graveurs;
la plupart, premier état avant les n^{os} et avant pri-
vilége. 16 épreuves avec différences, en tout. 90 p.

540 **Isselburg**. Jean Casimir, duc de Saxe. In-4.

541 **Jode** (P. de). Anne, femme de Jacques VI d'Écosse. In-4.

542 — Jean Boccace, d'ap. *Titien*. In-4.

543 — Léopold-Guillaume, archiduc. In-8.

544 — Longueval, comte de Buquoy. In-8 ; autre par un anonyme, bataille en bas. In-4. **2** p.

545 — Lorraine (Charles et Henri de). 3 portraits. In-8.

546 **John**. Charles-Théodore. — Élisabeth - Auguste de Bavière. **2** p. In-8.

547 — C. de Liechtenstein. — Baronne de Mudersbach. — J.-F. de Retzer. 3 p. Grand in-8.

548 **Johnston**. La célèbre Miss Murray, tenant un masque. Petit in-fol. d'ap. *Page*.

549 **Judkins**. (Élisab.). Lady Frances Bridges. in-4.

550 **Kilian** (B.). Louis VI de Hesse. — Élisabeth-Dorothée, son épouse. **2** portr. in-fol. d'ap. Wagner.

551 — Eberhard, duc de Wurtemberg. Petit in-fol., d'ap. *Tile*.

552 — P. Honn. — G.-C. Honnward, avant la lettre. G. Konig et autre. 4 p.

553 **Kilian** (Lucas). Albert Durer, peintre et graveur, Petit in-fol. Marge.

554 — Claudia, archiduchesse d'Autriche, née de Médicis. In-4. Marge.

555 — J. Favricius, — I. Frœreysenium. — J.-C. Gœbelius. — Sal. Lenzii. — I. Nieschl. — L. Rabussen. — J. Schopffii. 7 portraits de théologien.

556 — N. Baron de Burkaus. — J. Freitag, médecin — Alex. d'Haslang. — Jean-Georges de Saxe. — — J. Lencker, orfèvre. — Œlhafen. — G. Pflug. G. Remus. — Paul a Steten. — Tserclas en buste et à mi-corps. **11** portraits.

557 **Kininger**. Joseph Freykerr von Kielmansegge. In-fol. d'ap. *Lampi*.

558 **Klauber** (J.-S.). J.-F. Bause, graveur, d'ap. *Graff*.

559 — Élisabeth Alexiewna, grande duchesse de Russie, d'ap. Mme *Lebrun*. Petit in-fol.

560 — Alex. Borissowitsch Kourakin. Petit in-fol.

561 — Jules René comte Litta. Petit in-fol.

562 — Marie Federowna, impératrice de Russie. Petit in-fol.

563 — Paul Ier, empereur de Russie. Petit in-fol.

564 — Comte de Rostopchin. Petit in-fol.

565 — Comte de Wittgenstein. Petit in-fol.

566 **Klein**. 1819. Reinhold (les 2). Erhard et Welcker peintres.

567 **Knight** (C.). The Landlord's family, d'ap. *Stothard*. In-fol.

568 **Kohl** (Cl.). Frédéric II. Petit in-fol. d'ap. *Franke*

569 — Barbe, princesse Beloselsky, née à Moscou. In-4.

570 — Comte Antoine Karolyi. In-4.

571 **Kruger**. K.-P.-Emmanuel Bach. — J.-H. Campe. M.-G. Lichtwer. 3 p. In-8.

572 Jung Stilling, sur son lit de mort. Petit in-fol. en travers.

573 **Kuchler**. J.-A. Koch. — F. Overbeck. — J.-Ch. Reinhart. — J. Martin Wagner. 4 artistes.

574 **Küsel**. Léonard Weiss, à mi-corps. In-fol., avant toute lettre, d'après *Werner*.

575 — Max Curtius. — Hélène Furtenbach. — J.-C. Kress. — H. Sulzer. — 4 p.

576 — Huit ducs de Saxe, en médaillons, avec les armoiries au milieu. Petit in-fol.

577 **Kutner**. Léonard Euler. In-4. D'ap. *Darbes.*

578 **Lahde**. Shields, Obrien, Benzelstierna, 1789. In-4.

579 — Frédéric Chrétien de Sleswig Holsteen. — Louise Auguste, grande princesse de Danemarck. 2 portraits en pied, in-fol.

580 **Landerer**. Pierre Léopold, archiduc d'Autriche, grand-duc de Toscane. In-4.

581 **Landry**. Gabriel de Boylesve, évêque d'Avranches. Petit in-fol., d'ap. *Dieu.*

582 — Louis XIV couronné de lauriers. Petit in-fol., d'ap. *J.-F. Franciscain.*

583 **Larmessin**. Guil. Coustou, de Lyon, sculpteur d'ap. *de Lien* In-fol.

584 — Duguay-Trouin. Grand in-8. Marge.

585 — Claude Félicité d'Autriche. Anne-Marie-Louise d'Orléans. 2 p. in-4,

586 — C. H. de Lorraine, prince de Vaudemont, à mi-corps, d'ap. *Ranc.* In-fol.

587 — Louis XIV. Petit in-fol.

588 — Louis XV étant jeune, d'ap. *Vanloo.*

589 — Louis XV à cheval, d'ap. *Parrocel.* In-fol.

590 — Louis XV étant jeune, en pied. In-fol, d'ap. *Vanloo.*

591 — Le même, la tête retournée à droite et plus âgé.

592 — Louis, dauphin. — Marie-Thérèse d'Espagne, dauphine. 2 portraits en pied, in-fol.

593 — Stanislas Ier, roi de Pologne. — Catherine Opalinska. 2 portraits en pied, d'ap. *Vanloo.* In-fol.

594 **Laugier**. Mme Scaron. In-8 rond, toute marge.

595 **Lautensach**. Homme à mi-corps. Bartsch, n° 9. Rognée.

ŒUVRE DE LAWRENCE

596 **Lawrence** (sir Thomas). Son portrait en buste, peint par lui-même et gravé par *Sam. Cousin.*

597 — Le Delizie materne, gravé par *Longhi*. Milan, 1823.

598 — Nature. Gravé par *G. T. Doo*, 1829. In-fol.

599 — Dame anglaise. Grand in-4, par *Reynolds*.

600 — Sir Astley Paston Cooper, sergent surgeon, of the King, à mi-corps, par *Sam. Cousin*. In-fol.

601 — Lady Dover à mi-corps et son fils, par *Sam. Cousin*.

602 — Lady Georgiana Fane enfant, en pied, par *Turner*.

603 — Comtesse Grey et ses enfants, par *Sam. Cousin*.

604 — Le prince Guillaume-Henri. Ovale, in-4.

605 — La comtesse de Lieven, ambassadrice de Russie à la cour d'Angleterre, par *Bromley*. Petit in-fol.

606 — Mrs Littleton. Petit in-fol., par *Turner*.

607 — Lady Selina Meade, comtesse Clam-Martinies, par *G. T. Doo*, 1835.

608 — Prince de Metternich-Winneburg, à mi-corps. In-fol., par *Sam. Cousin*.

609 — Miss Peel enfant, assise, jouant avec un chien. par *Sam. Cousin*. In-fol.

610 — Lady Peel, par *Sam. Cousin*. In-fol.

611 — Mrs Peel. In-8, par Ch. Heath.

612 — Pie VII, pape, assis, en pied. Grand in-fol., par *Sam. Cousin.*

613 **Lebas.** David Teniers et sa famille. In-fol. en travers, d'ap. lui-même.

614 **Lely** (d'ap.). Enfant tenant un oiseau, près d'un chien. Avant la lettre. Petit in-fol.

— Sa Hautesse lady Anne. Petit in-fol.

— J., duc de Monmouth. Petit in-fol.

615 **Lemire.** Henri IV et Louis XV. In-8 en travers.

— Louis XV le Bien-Aimé. In-8.

616 **Lempereur.** Buirette de Belloy, entouré de figures allégoriques, d'ap. *Jollain.* Petit in-fol.

617 **Lenfant.** Lamoignon en pied. Petit in-fol.

618 **Léoni** (Ot.). Mario Nurzi, peintre, avec deux croquis de têtes à l'envers en bas.

619 **Lépicié.** Claude Capperonnier de Montdidier. In-fol., d'ap. *Aved.*

620 — Philibert Orry, contrôleur des finances, à mi-corps. In-fol., d'ap. *Rigaud.*

621 **Leu** (Th. de). Henriette de Balzac.

— Louise de Budos, femme du conestable.

— Henri IV couronné de lauriers, dans une niche d'architecture. In-4.

— Marie de Médicis étant jeune princesse.

— Marie de Médicis, reine de France. Rognée.

622 **Liotard** (d'ap. J.-E.). Elibeth Christine de Brunswig Wolffenbutel, buste grandeur naturelle, par *Reinsperger.* Grand in-fol.

623 — Miss Lewis. Petit in-fol., par *Purcell.*

624 — Alex. Fatio, veuve de Pierre Lulin. In-4, gravé par un arrière-petit-neveu de Liotard.

625 — Marie-Thérèse de Hongrie, casque en tête. In-4, par *Tyroff*.

626 Lips. A.-G. Richter. — Albrecht Thaer. 2 p. In-4.

627 — A.-C. Bartals. — J.-S. Ditrich. — J.-G. Von Herder. — W.-F. Hufnagel. — J.-F.-C. Lœffler. — A.-H. Niemeyer. — A.-F.-W. Sack. — F.-S.-G. Sack. — J.-J. Spalding. — J.-J. Stolz. — J.-F. Zollner. 11 p. in-8.

628 Longhi. Bonaparte, d'ap. *Gros*. Il est en géral, à mi-corps, et tient le drapeau. In-fol.

629 Lorch (Melchior). L'Invincible Ismaël, ambassadeur de Techmas, roi de Perse, envoyé à Constantinople en 1557 auprès du sultan Soliman. Portrait très-curieux. B. 15.

630 Lubin (J.). Maréchal d'Humières, d'ap. F. Voet. Petit in-fol.

631 — Jacques Callot, graveur. Petit in-fol. Marge.

632 Lyvius (d'ap. Jean). Daniel Heinsius.
— Const. Hugenius. Martin Van den Enden ex.
— Daniel Segers, jésuite.

633 Macardel. Sir Isaac Newton, d'ap. *E. Serman*. In-4.

634 Malgo (S.). La princesse Lamballe en pied, d'après nature, en 1796, par *Hickel*.

635 — Marie-Antoinette, en pied, d'après nature, par *Hickel*, de Vienne, ép. lettre grise.
Ces deux portraits, grand in-fol., font pendant.

636 Mansfeld. Ferdinand IV, des Deux-Siciles. — Marie-Caroline, sa femme. — Frédéric Guillaume II, roi de Prusse. — Gustave III de Suède. 4 p. in-8.

637 Mark (Quirin). Léopold II, empereur, et sa famille. 23 personnes en pied. Petit in-fol. en travers, en bistre.

638 Masson. Le Comte d'Harcourt, dit le Cadet à la perle. R. D. 34. In-fol., d'ap. *Mignard.*

639 — Pierre Dupuis, peintre de fleurs.

640 — Hardouin de Perefixe. In-fol, d'ap. *Mignard.*— Le Brisacier. — Louis XIV. R. D. 43. 3 p.

641 Matham (J.). Abraham Bloemaert, peintre. Petit in-fol, d'ap. *Morelse.*

642 — Regneri Pauw. D'ap. *Ravesteyn.* Petit in-fol.

643 Mellan. J. Barclay. In-8, d'ap. Dumoustier. — Louis XIV enfant. — Alphonse d'Elbène, évêque d'Orléans. 2 p. petit in-fol. 3 p.

644 Mellan. Henriette-Marie de Buade Frontenac. Épreuve avant l'adresse.
— La même, avec l'adresse de Vanheck.

645 Merian (Casp.). Th. Fairfax, dirigé à droite. — — Copie, dirigé à gauche. *Tomaso Fairfax.* 2 p. in-4.

646 Meyer (H.). Almeria, d'ap. *Owen.* Grand in-fol. en travers.

647 — Calvin. — Erasme. — Leo Judae. — Wicleff. 4 p. in-4.

648 Meyer (F.). Hasenclever. — Deger. 2 p.

649 Moeglich. Dame coiffée d'une aigrette de plume. Petit in fol.

650 Moncornet (B.). Anne-Marie de Bourbon, duchesse de Montpensier. Médaillon entouré de fleurs. In-4.

651 — Marguerite du Cambout. — H. de Guenegaud.
— Erasme. — Masaniello de Daret. 4 p.

652 **Morace** (E.). Ph. Hackert. Petit in fol.
— J. Goth. Muller, d'après Tischbein.
— C.-F.-D. Schubart. Petit in-fol.

653 **Moreland** (d'après). A party angling, par *Keating*. — The anglers repast, par *Ward*. 2 p. grand in fol. en travers, en pendant.

654 **Morghen** (R.). La famille de Holstein-Beck, d'après *A. Kauffman*. Grand in-fol., toute marge.

655 **Morin** (J.). Vierge et Jésus, d'après *Champagne*.

656 — Robert-Arnauld d'Andilly. R. D. 42.

657 — N. Christyn. R. D. 51.

658 — H. de Lorraine, comte d'Harcourt. R. D. 58.

659 — C. Jansenius, évêque d'Ipres. R. D. 61.

660 — Michel de Marillac R. D. 66.

661 — Amador J.-B. de Vignerod, abbé de Richelieu. R. D. 85, marge.

662 **Muller** (C.). Herder. — Hufeland. — Klopstock. — Kotzebue. — Lessing. — Schiller, mort. — Wieland. — Winckelman. 8 portraits, grandeur naturelle, in-fol.

663 **Muller** (Fréd.). Martin Notter, avant la lettre, d'après Hetsch. — Loffler, prédicateur et autre, avant la lettre. 3 p.

664 **Muller** (J.-G.). Antoine Graff, peintre de la Cour de Saxe. In-fol., d'après lui-même.

665 — Mme Lebrun, peintre. Épreuve avant toute lettre.

666 — Louis XVI en pied en manteau royal, d'après nature, par *Duplessis*. Grand in-fol.

667 — Moses Mendelssohn. — A.-G. Spangenberg.
2 p.

668 — F.-M. de la Tour de Bouillon, vicomte de Turenne. In-4.

669 **Muller** (Moritz). La famille Sternberg.

670 **Nanteuil**. Ant. Barberin, cardinal-archevêque
de Reims. R. D. 28.

671 — J., marquis de Castelnau. R. D. 58.

672 — P. du Cambout de Coislin, cardinal. R. D. (69).
Premier état.

673 — J.-B. Colbert, grandeur naturelle. R. D. 76, B...
Avant dernier état.

674 — Melchior de Gillier. R. D. 102.

675 — Pierre Jeannin. R. D. 112.

676 — Denis de La Barde, évêque de Saint-Brieuc.
R. D. 115.

677 — Michel Le Masle, prieur des Roches. R. D. 126.
Premier état.

678 — Jean de Maupeou, évêque de Châlons - sur -
Saône. R. D. 173.

679 — Cardinal Mazarin. In-fol. en travers. R. D. 186.

680 — Henri de Savoie, archevêque de Reims. R. D.
199, la marge du bas coupée.

681 — Fr. Servien, évêque de Bayeux. R. D. 225.
Premier état.

682 — Claude Thevenin, chanoine de Paris. R. D. 231.
Deuxième état.

683 — Turenne. R. D. 232.

684 **Nattier** (d'après). Mme Marie - Henriette de
France (le Feu). Petit in-fol. en travers, par *Tardieu*.

685 **Neidel.** Marie-Antoinette. In-4, marge.

686 **Niedlich**. Frédéric-Guillaume II, roi de Prusse, en pied, et sa fille la duchesse d'Yorck, jouant du piano. Ovale en bistre, petit in-fol.

687 **Nilson**. La situation de la Pologne.

688 **Pass** (C. de). Léopold, archiduc d'Autriche, évêque.

689 — Albert, archiduc d'Autriche, 1604.

690 — Élisabeth, reine d'Angleterre, dans une niche cintrée.

691 — Élisabeth à mi-corps, tenant le sceptre et la boule. In-4.

692 — Élisabeth de Lorraine. Rond.

693 — Henri IV, roi de France.

694 — René de Laudonnière, voyageur.

695 — Ambroise Spinola. Ces portraits sont in-8.

696 **Pass** (Simon de). Maximilien Ier et sa femme. — Lamoral, prince d'Egmont. — Philippe de Montmorency. 3 portraits en pied, in-4.

697 **Perrier** (F.). Simon Vouet, peintre. R. D. 12.

698 **Persinus**. Balthazar, comte de Castiglione, d'après Raphaël. — P.-C. Hoofdius. 2 p., in-fol.

699 **Petit** (J.-F.). Phelypeaux, comte de Maurepas. — J.-F. Bernard Potier, duc de Gesvres. 2 portraits en pied, in-fol., d'après *Vanloo* fils.

700 **Petit.** M. G.-L. de La Fontaine Solare de Laboissière. Petit in-fol., d'après *La Tour*. Marge.

701 — Comtesse de Grignan. In-8, sans marge.

702 **Pfalz**. Adrian Zingg, graveur. Petit in-fol.

703 **Pfeiffer**. Thérèse, comtesse de Kinsky, née comtesse de Dietrichstein. Ovale in-4, en bistre.

704 — Diana, comtesse Langeron, et Albertine, marquise Balleroi, sœur du marquis Lavaupalière.
In-8 ovale, toute marge.

705 — Mme la princesse de Liechtenstein, née comtesse de Manderscheid. Ovale, in-4, en bistie.

706 — Louise, grande-duchesse de Toscane, archiduchesse d'Autriche, infante des Deux-Siciles. In-4,
ovale en bistre.

707 — Marie-Thérèse, archiduchesse d'Autriche, infante des Deux-Siciles.

708 — Herder. — Wieland. 2 portraits à mi-corps.
Petit in-fol., d'après *Tischbein.*

709 — Lavater. — B. Zauner, sculpteur. 2 p.

710 — D.-F.-V. Reinhard. Ovale, petit. in-fol.

711 **Picart** (B.). Charles II. — Guillaume III. —
Marie II. — Jacques II. — 4 p. in-4.

712 — Roger de Piles, chevalier, amateur. Petit in-fol.

713 **Picart** (Étienne). F.-A. de Rochechouart, marquise de Montespan. In-fol.

714 **Pitau** (N.). H.-L. Habert de Montmor. In-fol.

715 — Goibault, sieur Dubois. — Charles Mavelot,
graveur. 2 p., grand in-8.

716 **Pitteri**. J. Bettino Cignaroli, peintre. — Charles
Goldoni, auteur dramatique. 2 portraits, in-fol.

717 **Poilly** (F.). Pierre de Fermat. Avant la lettre,
rare.

718 — Nicolas Parfait, abbé de Bouzonville, d'après
Lefevre.

719 **Pontius**. Isabelle-Claire-Eugénie à mi-corps,
en religieuse. In-fol., d'après *Rubens.*

720 Preisler (J.-M.). J. Benzelius, évêque d'Upsal. — J.-André Cramer. — Balthazar Munters. 3 p.

721 Preisler (J.-M). Cardinal de Bullion, en pied. Petit in-fol., d'après *Rigaud*.

722 — Charlotte-Amélie, v. Plessen, en pied, d'après *J.-S. Wahl*. In-fol.

723 — Anne-Cath., von Scheidlin, née Previn. In fol., d'après *Kupersky*.

724 — La grande princesse de Toscane. Petit in-fol., avant toute lettre.

725 Preisler (V.-D.). Georges-Martin Preisler, graveur, d'après *Oeding*. Manière noire.
— Suzanne-Marie-Christophe Dorshei, graveur de pierres fines, d'après *J. Juste Preisler*.
— Christian Wolff. Petit in-fol.

726 Probst (G.-B.). *excud.* Frédéric II passant la revue. Petit in fol. en travers.

727 Quiter. Charles II, roi d'Angleterre.
— Catherine, fille de Jean IV, roi de Portugal.
— Leolinus Jenckins.

728 Radigues (A.). Hélène Stephanovna, princesse de Kourakin, née Apraxin, d'après le comte *Rotari*.

729 — Catherine II. — Paul Petrovitsch. 2 p. in-8.

730 Rasp (C.-G.). H. Chr., comte de Baudissin. — Frédéric Auguste de Saxe. — Ch.-H. Hœnel. — Leibnitz. In 8. — M. A., comtesse Marcolini. — J.-C. Prentzel. — 6 p., petit in-fol.

731 Ravenet. Lanfranc. — Ambroise Paré. — Guil. Vavasseur. 3 portraits, in-4, chirurgiens.

ŒUVRE DE REYNOLDS

732 **Reynolds** (sir Joshua). Son portrait. In-fol.,
d'après lui-même, par *V. Green*.

733 — Guardian Angels, par *Hodges*.
— Résignation, par *Watson*.
— The affectionate Brothers. par *Bartolozzi*.

734 — Lord Anson, vice amiral, par *M. Ardel*.

735 — Louis, comte de Barbiano et Belgioioso.

736 — Lady Arabella Blake en Junon, Vénus lui offre
sa ceinture, en pied, par *Dixon*. Grand in-fol.

737 — Mrs Bomfoy. In-4, par *Corbutt*.

738 — La même. In-fol., par M. *Ardel*.

739 — Lady Sara Bunbury, sacrifiant aux Grâces, en
pied, par *Fischer*. Grand in-fol.

740 — Lord Camden. In-fol., par *Haid*.

741 — Charles lord Cathcart. — Jane lady Cathcart et
son fils. 2 p. in-fol., par *M. Ardel*.

742 — Cornelia lady Cockburn et ses enfants, par
Wilkin. In-fol.

743 — Barbara, comtesse de Coventry, par *Spicers*.
In fol.

744 — Miss Crews à mi-corps, par *Dixon*. In-fol.,
avant la lettre.

745 — Robert Drummond, archevêque d'Yorck, par
Watson.

746 — G.-A. Elliot, lord Heathfield of Gibraltar. In-
fol., par *Earlom*.

747 — Le même. Avant la lettre.

748 — Ch.-J. Fox, à mi-corps. In-fol., par *Jones*.

749 — Lady Gideon. In-fol., par *Watson*.

750 — Angelica Kauffman. Ovale, par *Bartolozzi*.

751 — Elisabeth Keppel, fille du comte d'Abermale, en pied, ornant de fleurs la statue de l'Hymen. Grand in-fol., par *Fisher*.

752 — James Earl of Kildare, 1754. — Emily countess of Kildare. 2 p. in-fol., par *M. Ardell*.

753 — John Manners, marquis de Grandby, en pied, appuyé contre son cheval. Grand in-fol., par *Watson*.

754 — The Earl of Mansfield, à mi-corps. In-fol., par *Bartolozzi*.

755 — Mrs. Montaigu, à mi-corps. In-fol., par *Smith*.

756 — Elisabeth, duchesse de Northumberland, par *Houston*. In-fol.

757 — Miss Nelly O'Brien. In-fol., par *Wilson*.

758 — James Paine, architecte, et J. Paine junior. In-fol., par *Watson*.

759 — Mrs. Parker, en pied. Grand in-fol., par *Watson*.

760 — Henri de Pembroke et Montgomery. In-fol., par *Dixon*.

761 — William Pitt. Ép. sans aucune lettre. In-fol.

762 — Caroline lady Scarsdale avec son fils, John Curzon. In-fol., par *Watson*.

763 — Bell, comtesse de Sefton, par *Watson*.

764 — Mistress Siddons, rôle de la Muse tragique, en pied. Grand in-fol., par *Haward*.

765 — Lady Smith et ses trois enfants, par *Bartolozzi*.

766 — Lady Charles Spencer, par *Finlayson*.

767 — Colonel Tarleton, en pied. Grand in-fol., par *Smith*.

768 — Marquis de Tavistock, 1767. In-fol., par *Watson*.

769 — Anne, vicomtesse Townshend, en pied. Grand in-fol., par *Green*.

770 — Edward lord Thurlow, chancelier. In-fol., par *Bartolozzi*

771 — Mistress Turner de Clints, en Yorkshire, par *M. Ardell*.

772 **Ridinger**. Charles VII. — Georges II, d'Angle-terre. — Joseph. — Marie-Thérèse. — Pierre, fils de Frédéric. 5 portraits équestres. Petit in-fol.

773 **Rieter** ad vivum. Arenfeldt. — Branth. — Braun. — Egede. — Hofoed. — Lasfen. — Risbrigh. — Villemoes. 8 p. in-8.

774 **Robinson**. Nicolas Ier, empereur de Russie. In-fol., d'ap *G. Dawe*.

775 **Rosbach**. J. Christ. Frend, peintre du duc d'Anhalt. Lorsque le verre en main je me sers du pinceau, etc. Petit in-fol.

776 **Roy**. Guil. Cardinal Dubois. In-8.

777 **Sadeler** (Egid.). Anne, impératrice de Hongrie. Petit in-fol.
— Catherine Jenizin, dame Godelmann. In-4.

778 **Sadeler** (J.). Sigismondus Feyrabendius biblio-pola. — Ch. Herdesianus. Petit in-fol.

779 **Saint-Aubin**. L.-P. d'Orléans Égalité et sa fa-mille, d'ap. *Le Peintre*, en 1776, étant duc de Chartres. In-fol., marge.

780 — Monseigneur le duc de Chevreuse, en pied, d'ap. de Carmontelle (gouverneur de Paris).

781 — Beaumarchais. — De Belloy. — Charles, prince
de Pologne. — Diderot. — Franklin. — Helvetius.
— Lamotte Piquet. — Necker. — Pierre Ier. —
L'abbé Pommier. — Rameau. 11 p. in-4.

782 **Sandrart** (J.). Ferdinand III, empereur. — A.
Dilling. — Max. Henri, archev. de Cologne. —
Riec'neri. — J. Ch. Schmidt. — J. Strakirch. — J.
Tolling, en pied. — Joachimus a Sandrart. 7 por-
traits.

783 **Savart**. Boileau Despreaux. — J. B. Colbert,
d'ap. Champagne. — Deshoulières, d'ap. E. S.
Cheron. — Rabelais, d'ap. Sarrabat. — Cardinal
de Richelieu, d'ap. Champagne.
Ces 5 portraits sont in-8.

784 **Schenck** (P.). Son portrait — Sa femme. —
Gérard de Lairesse. — God. Schalken. 4 p. in-4.

785 — F. Sig., comte de Kiuloszyn Galecki. — Frédéric-Auguste, roi de Pologne. 2 p. in-4.

786 — J. Fritschius. — J. H. Biehler. — Ab Bogaert.
— Eberhard de Danckelmann. — J Dietzen. —
Juste Lipse. — Frédéric de Saxe. — J. Georges III,
de Saxe. — J. Lœmmell. — Kind, enfant avec son
chien. — Guil., archev. de Canterbury, entouré
de six évêques. 11 portraits.

787 **Schiavonetti**. La reine et la princesse Louise
de Prusse, en pied. Grand in-fol., d'ap. *Tischbein*.

788 **Schleuen**. Frédéric II, roi de Prusse, d'ap.
Pesne. Petit in-fol.

789 **Schmidt** (G. F.). G. D. V. Arnim. In-fol., à
mi-corps, d'ap. *Pesne*.

790 — Ch. Fréd. Blume. In-fol., d'ap. *Falbe*.

791 — L. A. de Brandt, baronne de Grapendorf. In-fol , d'ap. *Lesueur*.

792 — Christian Auguste, prince d'Anhalt, à mi-corps. In-fol., d'ap. *Pesne*.

793 — Samuel Liber, baro de Coccei, d'ap. *Pesne*.

794 -- Joh. Théodore Eller, archiatre. In fol., d'ap. *Pesne*.

795 — Nicolas Esterhasy. In-fol., d'ap. *Tocqué*, 1758.

796 — Frédéric de Gorne, ministre d'État. In-fol.

797 — Fred. H. Louis, prince de Prusse, assis, à mi-corps, d'ap. *Vanloo*, 1765. In-fol.

798 — Louis de La Tour-d'Auvergne, comte d'Évreux. In-fol., à mi-corps, d'ap. *Rigaud*.

799 — Pierre Mignard, peintre. In-fol., d'ap. *Rigaud*.

800 -- Fréd. Ben ist Oertel, conseiller. In-fol.

801 — Ant. Pesne, peintre. In-fol., d'ap. lui-même.

802 — Auguste III, roi de Pologne. — Marie Josephe, son épouse. 2 portraits in-fol., à mi-corps, d'ap. *L. de Silvestre*.

803 — Enoch Seeman, d'ap. lui-même, à la galerie de Dresde.

804 — Henri Woguell, commerçant de Londres. In-fol., d'ap. *Pesne*.

805 — Comte Dallwitz. — Ch. G. Salzmann. 2 p. in-4.

806 **Schiavonetti**. Buonaparte, 1797, d'ap. Cossia. In-4.

807 —' Mistress Cosway. In-8, en bistre.

808 **Schmuzer**. Charles VI, empereur, en pied, d'ap. de *Meytens*. In-fol.

809 **Schmutzer** (J.). Christ. Guil. Ernest Dietricy, peintre des rois de Pologne, d'ap. lui-même. Pet. in-fol.

810 **Schreber**. Catherine II. Ép. avant la lettre. In-fol.

811 — Pierre Ier, empereur de Russie. In-fol.

812 — Lomonosoff, à mi-corps. In-fol., avant la lettre.

813 **Schreyer**. Gerstenberg. In-8. — F. W. Gleim. In-4. — Th. Regnaudin, d'ap. Nanteuil. 3 p.

814 **Schultze**. Alexandre, prince Beloselsky, assis, presque en pied.

815 — Joseph II, empereur des Romains. Petit in-fol., d'ap. nature, par *Kymli*.

816 — Angelica Kauffman, en Vestale, à mi-corps, tenant une lampe, avec les armoiries, avant la lettre.

817 — Jean Georges Palizsch, astronome, botaniste, etc. Petit in-fol., d'ap. *Graff*.

818 — Gottfried Rentsch Kaufman, d'ap. *Schenau*.

819 **Schuppen** (Van). J. F. Borri, fameux chimiste de Milan, mort en 1688 au château Saint-Ange, victime de l'Inquisition, d'ap. *J. Ovens*. 1re ép. avant les devises dans les médaillons et l'inscription. Très-rare.

820 — J. Bouillaud, astronome. Petit in-fol.

821 — Anne de Courtenay, dame de Rosny et de Bontin. Petit in-fol., rare.

822 — Charles de Houel, baron de Morainville, d'ap. *Van Mol*. Petit in-fol.

823 — Magnus Gabriel de Lagardie. Petit in-fol.

824 — G. N. de La Reynie, maitre des requestes. Pet. in-fol., d'ap. *Mignard*.

825 — Louis, grand dauphin, d'ap. *de Troy*. Ép. avant les ronds dans les coins. In-fol.

826 — Mazarin, cardinal, avec quatre sujets de devises aux coins. Petit in-fol., d'ap. *Mignard*.

827 — Philippe de France, frère unique du roi, d'ap. *Nocret*. Petit in-fol.

828 — François Villani, évêque de Tournay. Petit in-fol.

829 — Christ. Fr. de Lamoignon. — Louis XIV. — Monsieur. — L. M. A. de Simiane de Gordes. 4 portraits in-fol. Collés.

830 **Schwerdgeburth**, 1823. C. M. de Weber. Grand in-4 avec fac simile de signature.

831 **Scott** (J.). Infancy, enfant avec un chien, d'ap. *Chalon*.

832 **Seupel**. Anne Madeleine, duchesse de Bavière. Petit in-fol.

833 **Sichem** (Ch. V.). Jean Beuckels de Leyde, roi des Anabaptistes. — Bernard Knipperdollinck, prophète des Anabaptistes, 1533. 2 portraits avec texte allemand autour. Petit in-fol. en travers.

834 — Adam Pastor van Dorphen. — David Georgen. — L. Hetzer. — M. Hoffmann, de Strasbourg. — B Hubmor. — J. Hut. — B. Knipperdollinck. — J. Matthys. — Th. Muncer. — H. Nicolas Thuys. — M. Rinck. — H. Schoenmaecker. — Michel Servet. — D. Snyder. 14 portraits.

835 — Duc d'Albe. — Alençon. — Ernest et Juan d'Autriche. — Elisabeth. — Leicester. — Marie, reine de Hongrie. — Guillaume d'Orange. — L. Requesen. 9 portraits.

836 **Simon**, 1682. Louis XIV, grandeur naturelle, coiffé d'un chapeau, d'ap. *Lebrun*. Grand in-fol.

837 **Simonneau**. Elis. Charl. Palatine, duchesse d'Orléans, assise, à mi-corps. In-fol , d'ap. *Rigaud*.

838 **Sixdeniers**. Catherine II, en pied, d'ap. *Lampi*. Grand in-fol., marge.

839 **Smith**. La duchesse de Bolton, en pied, d'ap. *Kneller*.

840 — Mistress Cross, à mi-corps, d'ap. *Hill*,

841 — Grinlin Gibbons, sculpteur, d'ap. *Kneller*.

842 — Guillaume, roi d'Angleterre, en pied.

843 — Anthony Henley, à mi-corps, d'ap. *Kneller*.

844 — John, duc de Marlborough, d'ap. *Kneller*.

845 — The lord Euston, en pied, d'ap. *Kneller*.

846 — John Earl of Exeter, d'ap. *Kneller*.

847 — Georges de Danemarck. In-4.

848 — Marie-Antoinette. In-4, manière noire. Rare.

849 — Thomas Maxwell, major général, d'ap. *Closterman*.

850 — La duchesse d'Ormond, en pied, d'ap. *Kneller*.

851 — Pierre Alexevitz, tzar de Moscovie, d'ap. nature. *Kneller*, 1697. Petit in-fol.

852 — Miss Harriet Powel. d'ap *Peters*. In-4.

853 — Comtesse de Ranelagh, d'ap. *Kneller*.

854 — Lady Frances et lady Catherine, sœur de Richard de Ranelagh, en pied, d'ap. *Vandervaart*. Petit In-fol.

855 — Mrs Anne Roydhouse, d'ap. de *Medina*.

856 — Comtesse de Salisbury, d'ap. *Kneller*.

857 — Fréd. de Schomberg à cheval, d'ap. *Kneller*. Petit in-fol.

858 — Richard Steele, d'ap. *Richardson*, 1712.

859 **Solis** (Virgile). Cinq portraits de rois de France, Mérovée, Clotaire, etc. 5 p.

860 **Somer** (J. Van) 1676. Homme feuilletant un livre. Petit in-fol.

861 **Steinla** (M.). Auguste de Saxe-Gotha.

862 — Frédéric Auguste, roi de Saxe, d'ap. *Vogel*.

863 **Steinla**. Calvin. — Charles-Quint. — Frédéric· — Franke. — J. Huss. — Léon X. — Luther. — Sa femme. — Melanchton. — Tetzel. — Wieland. — Zwingli. 12 portraits in-4.

864 — Kleist. — Korner. — Musaus. — Stolberg. 4 p. Octogone in-4.

865 **Stephani** (P.). Hortense Mancini, duchesse de Mazarin. Petit in-fol.

866 — Emeric Tokoli, Hongrois. Petit in-fol.

867 **Stoelzel**, 1794. Comte Ignace Accoramboni de Spolete, d'ap. *Schmid*. Petit in-fol.

868 — F. J. A. Schirmer, née Christ. In-8.

869 **Stolker**. Jacques de Mosscher, peintre, d'ap. *Ravestein*.

870 **Strixner**. Cardinal de Bourbon. — Bildnis. — Sa femme. — J. de Carondelet. — Maximilien Iᵉʳ. 5 portraits lithog., avec ton. In-fol.

871 **Surugue**. J. Christophe de Verdun, peintre.

872 **Suyderhoef**. La Paix de Munster, d'ap. Gérard *Terburg*.

873 — L'Assemblée des Bourguemestres pour l'entrée
de Marie de Médicis.

874 — Jacobus Maestertius, d'ap. *Van Negre*.

875 — Claude de Saumaise. In-fol.

876 — Aldus Draacht Swalmius, d'ap. *Rembrandt*.

877 — Ad. Beeckerts. — A. Maria Schurman. — G.
Ch. Liber, baron d'Haslang. 3 p.

878 **Tanjé**. Christine de Suède, d'ap. *Bourdon*. In-4.

879 — Portrait d'homme, d'ap. Corrége. Petit in-fol.
Ch. Alex. de Montgon. In-8. 2 p.

880 — La Famille du baron d'Erlach, capitaine des
Cent-Suisses de Frédéric Ier, roi de Prusse. In-fol.
en travers, d'ap. *Pesne*. Avant la lettre.
— Le même, terminé par *Berger*.

881 — Guillaume II, prince d'Orange, 1749.

882 **Tardieu** (J.). Dimitry, prince de Gallitzin, d'ap.
Drouais, 1762. Petit in-fol.

883 — Mme du Boccage. In-8. Marge.

884 — Bonaparte, Ier consul, en rond.

885 — N. Lenglet Dufrenoy. — Ch. d'Orléans de Ro-
thelin. 2 p. in-8.

886 **Tempesti** (D.). Carbone Mar. del Monte.

887 **Thaeter** (J.-C.). Oldach de Hambourg. — Georgi.
— Preller. — Schilde. 4 portraits de graveurs.

888 **Thelott**. J. Arnold von Clermont, d'ap. *Lan-
gerin*. In-fol.

889 **Thomassin**. Louis XIV. — Robichon de la Gue-
riniere. 2 p. in-8.

890 **Thourneyser**. Léopold Ier, in-fol., d'ap. *Fis-
ches*. In-fol.

891 **Tielker**. Israël-Jacobs Sohn, d'ap. *Schrœder*.

892 **Tischbein** (d'ap.). Hufeland. — Loder. 2 port.,
à mi-corps par *F. Muller*.

893 **Tischlert** J. Chr. Knoepel, premier architecte
du roi de Pologne. In-fol., d'ap. *Schmissen*.

894 **Titien** (d'ap.). Dame en riche costume. Epreuve
avant toute lettre, par *Bloteling*.

895 **Trouvain**. Monseig. le duc d'Anjou, en pied.

896 — Robert de Cotte, architecte, d'ap. *Tortebat*.

897 **Turner**. Elisabeth, marquise de Stafford, d'ap.
Phillips.

898 **Ulrick**. Léon XI. Grand in-4.

899 **Vaillandt** (W.) Homme et femme, à mi-corps,
la main sur la poitrine. 2 portraits. Grand in 4.

900 — Jacobus Heiblocg. — Frobenius. In-8. — Gaspard Netscher. Petit in-fol. 3 p.

901 **Valck**. Hortense Mancini, duchesse de Mazarin,
1ʳᵉ ép., 1678. Petit in-fol., d'ap. *Lely*.

902 — La même, 2ᵉ ép., cum privilegio ordinum
Hollandiæ et Westfrisiæ.

903 — Lady Gwin, maîtresse de Charles II. Petit
in-fol., d'ap. *Lely*,

904 — Madam Elinora Gwynne. Grand in-8.

905 **Vallée**. Dame en Vénus et son fils en Amour,
d'ap. *de Troy*.

906 **Vallée** (A.). Le Cardinal de Guise. In-8. P. Gour-
delle *ex* 1588. Très-rare.

907 **Vander Bruggen** (J), graveur. Son portrait,
d'ap. *Largillière*. Grand in-4.

908 **Vangelisty**. Aguesseau. — Bell-isle. — Berwick.
— Chevert. — Labourdonnais. — Ligniville. —
6 p. in-4.

909 **Velde** (J. V. de). Jacob Zaftius, d'ap. *Hals*. — Charles de Silésie, Tropp et Jegemdorf.

910 **Vendramini**. Prince Alex. Borissowitsch de Kourakin, en pied. Grand in-fol , d'ap. *Baravikowsky*.

911 **Verhelst**. Marie-Anne, électrice de Bavière, née princesse de Pologne et Saxe. Grand in-4.

912 — Albert de Friedland. In-4.

913 **Verkolje**. Auguste III, roi de Pologne. In-fol.

914 — Cornelius Van Aken.

915 — Baueri, d'ap. Klein.

916 — Duchesse de Grafton, d'ap. Lely.

917 — Guillaume III, roi d'Angleterre. — Marie, son épouse. 2 portraits, à mi-corps, assis.

918 **Vermeulen**. Pierre-Vincent Bertin, d'après de *Largillière*. Petit in-fol.

919 — Agnes F. Lelouchier, comtesse d'Arco, à mi-corps, d'ap. *Vivien*. In-fol.

920 — Meyercron, à mi-corps, d'ap. *Rigaud*. In-fol.

921 — F. de Montmorency Luxembourg. In-fol., d'ap. *Rigaud*.

922 **Vertue**. Chaucer. — Dryden. — Fletcher. 3 portraits. Petit in-fol.

923 **Vico** (Enea). Domenichi Intelletoraro, medaglia del Doni.

924 **Villeneuve** (chez). Marat sur son tombeau. Grand in-4. Rare.

925 **Vischer** (C. de). Gellius de Bouma. In-fol.

926 **Vischer** (C.). Alexandre VII, pape. Petit in-fol.

927 — Jean Dousa, à mi-corps, d'après nature.

928 — Jacques II, roi d'Angleterre. Petit in-fol.

929 — Jacques de Montmouth. Petit in-fol.

930 **Visscher** (*ex formis* Nicolas). Marie-Thérèse, reine de France. Petit in-fol.

931 **Vogel** (B.). J.-G. Von Schmidt. In-fol., d'ap. *Schuster*.

932 — E. Gottlieb Rink, d'ap. Kupersky. Petit in-fol.

933 **Vogel** (J.-C.). J.-L. Hirschmann, peintre de Nuremberg. — G.-L. de Maskowski. — Bernard Vogel, graveur. 3 portraits, manière noire. Petit in-fol.

934 **Volpato** (Gio). Marie-Antoinette, électrice de Saxe. In-4.

935 **Vorsterman**. Thomas Howard, duc de Norfolck.

936 **Walker** (J.). Alexandre de Strogonoff, à mi-corps, d'ap. *Lampi*. In-fol.

937 **Ward**. La Visite au grand-père, d'ap. *Smith*. Grand in-fol.

938 — John Bowring, d'ap. *Pickersgill*.

939 **Wass**. The Sisters, d'ap. W. Ross, *proof* Chine.

940 **Watts**. Nath. Lee the mad. poet, d'ap. *Dobson*.

941 **Watson** (Caroline). Mrs George Hay Drummond and Children. In-8, d'ap. *Shelley*.

942 **Watson**. Lady in a Turkish dress, avant la lettre. Grand in-fol., d'ap. *Wilson*.

943 — Mrs Barrington, d'ap. *Kettle*.

944 — Mary lady Boyton, en pied, d'ap. *Cotes*. Grand in-fol.

945 — Lady Francis Bridges. In-fol., d'ap. *Cotes*.

946 — Miss Jones, d'ap. *Read*.

947 **Werff** (d'ap. Van der). Anne de Boulen. — Anne
de Clèves. — Buckingham. — Élisabeth. — Cath.
d'Arragon. --- Cath. Howard. — Cath. Parre. —
Jeanne Gray. — Jeanne Seymours. — Leycester.
— Marie Stuart. 11 p. Petit in-fol.

948 **West** (d'ap. Benj). Sa famille. Grand in-fol. en
travers, par *Facius*.

949 **Wille** (J.-G.). Charles-Frédéric de Bade. Petit
in-fol. Leblanc, 156.

950 — Louis XV à cheval. Le Blanc, 104.

951 — Louis, dauphin, né en 1729. L. B., 106.

952 — Poisson, marquis de Marigny. L. B. 125.
In-fol.

953 — J.-B. Massé, peintre, d'ap. *Tocqué*. L. B. 130.

954 — Maurice de Saxe, d'ap. *Rigaud*. L. B. 121.

955 — François-Louis-Anne de Neuville, duc de Vil-
leroy, petit in-fol. d'ap. *J. Chevalier*.

956 — Alexandre Pope. In-8 en travers, d'ap. *Kneller*.
L. B. 166.

957 — Madeleine de Scudery. In-8. L. B. 144.

958 **Windter**. Sophie-Élisabeth Ruthena. d'après
Muller. In-fol.

959 **Woeriot**. Georgette de Montenay, poëte et dame
de la cour de Jeanne d'Albret. R. D. 299. Très-
rare.

960 **Wortmann**. F.-A. comte de Sporck, à mi-
corps. Petit in-fol.

961 **Wrenck**. J.-G. Fuger, prédicateur, avant la
lettre. In-fol., d'ap. *H. Fuger*.

962 **Wright**. Alexandre Ier, empereur de Russie, en pied, tenant son chapeau à la main. Grand in-fol. d'ap. *Geo Dawe*, avant le nom, sur chine.

963 — Alexandra Federowna et ses enfants, en pied, d'ap. *G. Dawe*. In-fol.

964 **Zucchi**. Henri comte de Bruhl, d'ap. *Torelli*. In-fol.

965 — Jean-Georges prince-chevalier de Saxe, gouverneur de Dresde. — H.-Ch. Keyserling. 2 p.

966 — Entrevue entre S. M. l'impératrice douairière Amélie, et Leurs Majestés polonaises avec la famille royale, faite à Neuhaus, 1737, le 24 de may. Très-grand in-fol. en deux feuilles non jointes, d'ap. *Louis de Silvestre*. Rognée.

DIVERS

967 **Artistes**. Peintres, graveurs, sculpteurs, etc. 100 portraits de l'in-8 à l'in-4 pourront être divisés.

968 **Acteurs** et **Actrices**. 12 portraits.

969 **Musiciens**. 11 portraits.

970 **Femmes célèbres**. Élisabeth. — Gabrielle d'Estrées, etc. 10 p.

971 **Littérateurs**. Goethe. — Schiller. — Shakespeare. — Voltaire, etc. 14 p.

972 **Médecins**. Lieberkuhn. — Mumsen. — M. Rotenbeck. — G.-W. Wedelius. 4 p.

973 **Martyrs**. Corneille Musius de Delff. — Martin van de Velde. 2 portraits entourés de huit scènes de leurs supplices. Pièces in-fol. très-rares.

974 **Réformés**. Bugenhagen. — Luther et sa famille
par Krugner, Dorback, Riepenhausen, Sohn,
Wirsing, d'ap. Cranach et autre. 6. — Melanchton. 8 portraits.

975 **Curiosités**. Condamnés, particularités. — An-
kestrom au carcan. — Blum. — Hebenstreil. — J.
Karraseck. — H. Morseus, jésuite. — M. Nichol-
son. — Struensée. — Martin Wesely. — J. de Wit.
— J.-G. Wogaz. 10 p,

976 **Personnages** anglais. — Lord Grey. — Peel. —
Wellington, etc. In-4 octogone. 9 p.

977 — Belges. — Hollandais. 6 p.

978 — Danois. - Jean. — Frédéric Ier, II, II, V. 2 différents.—Chrétien Ier, II, III, IV, V, VI, VII. 13 p.

979 — Espagnols, 5 p. — Italiens, 3 p. En tout 8 p.

980 — Orientaux. — Turcs. — Siamois. 8 p.

981 — Polonais. — Russes : Alexandre Ier. — Anne
Ivanowa, 3. — Benjowsky. — Auguste Ier de Po-
logne. — Basilidis. — G. Bethlen, 2 différents. —
Bochkay. — Catherine, 7. — Charles de Pologne.
— Comte et comtesse Czarnichew. — Demetrius
Jean. — Einsedel. — Élisabeth Ire, en pied. —
Fréd. Chrétien, roi de Pologne. — Louise-Marie
de Gonzague. — Jean-Louis d'Isolani. — Jean
Alexevitch. — Kolonitz. — Marie Federowna. —
Maurocordato. — Ossolinsky. — Paul Ier, 2 diffé-
rents. — Pierre Ier, casqué, par Meil, Werhelst
et Houbraken avec Catherine, 5 différents. —
Pierre III. — Platon. — Potemkin. — Potocki. —
Repnin. — Paszthory Sandor. — Saulunroff. —

Schouwalow, par Schmidt. — Sigismond III, roi de Pologne, par Kilian. — Stanislas-Auguste Poniatowsky. — Wittgenstein. — Xavier, roi de Pologne, par Canale, etc. 46 portraits de l'in-8 au petit in-fol.

982 Sous ce numéro, plusieurs lots de portraits anonymes et étrangers.

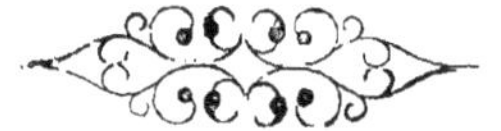

BENOU et MAULDE, imprimeurs de la Compagnie des Commiss.-Priseurs

rue de Rivoli, 144.   11092

LE CABINET DE L'AMATEUR

Paris, un an, 12 fr.   **Par M. Eug. PIOT.**   Départ., un an, 14 fr.

Tirage sur grand papier vergé, 24 fr. par an.

REVUE MENSUELLE. — Tableaux, dessins et estampes anciennes —Sculpture, orfèvrerie, céramique, armes et armures. — Antiquités, curiosités; bibliographie, musées et collections. — Bulletin des ventes d'objets d'art. Format du *Magasin pittoresque*.

Imprimée avec un luxe typographique exceptionnel par la **maison Didot**, la première année (12 livrais.) contient cinquante dessins et *fac-simile* d'objets anciens insérés dans le texte et plus de deux cents monogrammes et marques de fabrique.

TABLE DES MATIÈRES DE LA 1ʳᵉ ANNÉE.

Renou et Maulde, imprimeurs de la Compagnie des Commissaires-Priseurs, rue de Rivoli 144.   11092